GRUNDLAGEN UND GEDANKEN ZUM VERSTÄNDNIS DES DRAMAS

Für den Schulgebrauch [illegible]

JEAN ANOUILH: ANTIGONE

Von

WOLFGANG SCHRANK

VERLAG MORITZ DIESTERWEG

6070 Frankfurt am Main · Berlin · München

ISBN 3-425-06070-8

2. Auflage 1976

Gesamtherstellung: Oscar Brandstetter Druckerei KG, Wiesbaden
Monophoto-Filmsatz

Inhalt

I. Allgemeine Grundlagen

1. Biographische Daten

„Ich habe keine Biographie, und ich bin sehr froh darüber. Ich bin am 23. Juni 1910 in Bordeaux geboren, bin sehr jung nach Paris gekommen und habe dort die Ecole primaire supérieure Colbert und das Collège Chaptal besucht. Anderthalb Jahre an der Juristischen Fakultät von Paris, zwei Jahre in einer Werbefirma, wo ich einige Lektionen im Präzisieren und Erfinden erhalten habe, die mir poetische Studien ersetzten. Nach ‚L'Hermine' habe ich beschlossen, nur noch vom Theater und ein wenig vom Film zu leben. Es war eine Dummheit, die ich dennoch nicht bereut habe. Es ist mir gelungen, niemals als Journalist zu arbeiten, und ich habe beim Film nur ein oder zwei Vaudevilles und einige vergessene Melodramen, für die ich nicht gezeichnet habe, auf dem Gewissen. Das übrige ist mein eignes Leben, und solange der Himmel das noch als meine persönliche Angelegenheit gelten läßt, behalte ich die Einzelheiten für mich." (Übersetzt nach Gignoux, S. 9.)

Dies schrieb einmal Anouilh an Gignoux, und seitdem beginnen Lebensdarstellungen Anouilhs gewöhnlich mit dieser Feststellung. Bis heute hat Anouilh durch ein zurückgezogenes Leben sein Privatleben vor der Öffentlichkeit bewahren können, so daß sich in der Literatur nur wenige Ergänzungen zu den obigen Lebensdaten finden.

Seine Berührung mit der Welt des Theaters erfolgte schon sehr früh. Als Achtjähriger hatte er Gelegenheit, im Casino von Arcachon das „Repertoire der Operetten- und Boulevard-Theater" (Vandromme, S. 18) jener Zeit zu erleben. (In einem Interview der „Nouvelles Littéraires" vom 27. 3. 37 schildert Anouilh diese ersten Theatererlebnisse.) Über die Bedeutung dieser frühen Begegnung mit dem Theater sagt Vandromme:

„Die Scheinwelt, genau das war es, was sich dem jungen Anouilh darbot. Es war eine Darstellung der Welt, die den Wünschen des Publikums entsprach. Eine Art Rausch, eine Glückssträhne, die allen Verdruß verscheuchte. ... Eine ganze Reihe von Dingen, deren beharrliche Wiederkehr auf den ersten Blick schwer verständlich scheint und als Nachlässigkeit aufgefaßt werden könnte, läßt sich nur durch die Erinnerung an Arcachon erklären: das beharrliche Zurückgreifen auf die Zeit um 1900 – eine Welt, die dem Melodrama oder der Operette entstiegen scheint; typisierte Figuren – Dienerschaft, reiche Bürger, Liebende – mit denen das Publikum sich sofort identifiziert, weil sie getreue Abbilder seiner eigenen konventionellen Vorstellungen sind. Zunächst gilt es also, das Leben in seiner Lüge zu erfassen und es so wiederzugeben, wie es sich Menschen bietet, die nach Klischees greifen, weil sie nicht den Mut haben, ihm ins Gesicht zu schauen. Das Ziel jedoch sieht anders aus: Entmystifizierung dieser konventionellen Welt, ihre Bloßstellung, Erkennung der Hintergründe und geheimen Kräfte, die die äußere Turbulenz des Spiels überdeckt.

Die Konvention ist demnach Jean Anouilhs Arbeitshypothese. ... Anouilh ... versucht, innerhalb der Konvention und durch sie die Masken fallen zu lassen, das unter ihnen versteckte Leben aufzuspüren. Aus einem der Macht seiner Gewohnheiten verfallenen Menschen macht er ein Geschöpf, das sich plötzlich den seltsamsten Regungen überläßt. Aus der mechanisch reagierenden Marionette läßt er ein hilfloses Wesen entstehen, das seinem unzusammenhängenden Zappeln ausgeliefert ist, diesem wilden Durcheinander, hinter dem sich verzweifelte Menschlichkeit verbirgt. Alle Stücke Jean Anouilhs haben dieses Hinüberfließen von einer Welt in eine andere, von der Komödie zum Nicht-Komischen, von der illusionsgefangenen Drahtpuppe in einen Menschen, der auf sich selbst gestellt ist und in seiner Einsamkeit um den Zusammenprall mit einer anderen Einsamkeit weiß." (Vandromme, S. 19/20.)

Einblick in die Persönlichkeit Anouilhs verschafft das folgende Selbstzeugnis. Es spricht von dem Versuch, einen nach dem Krieg wegen Kollaboration mit den Deutschen zum Tode verurteilten Literaten-Kollegen vor dem Erschießen zu retten. Er ging damals von Haus zu Haus und sammelte Unterschriften namhafter Persönlichkeiten, um Strafmilderung zu erwirken. Dieses Erlebnis habe ihn zum Erwachsenen gemacht.

„Ich will nichts über diese Tage berichten, an denen ich bei Leuten vorsprach, die ich zu kennen glaubte – auch bei Leuten, die ich wiedererkannte –, wie ein Mann, der Staubsauger zu verkaufen versucht. Ich müßte ihre Namen nennen. Diejenigen, die mich abgewiesen haben, bedauern es vielleicht heute, da der Wind sich etwas gedreht hat; und jene, die mir mit Ja antworteten, haben vielleicht immer noch Angst.

Ich war damals vierunddreißig Jahre alt, aber ich war ein ziemlich großer Junge geblieben, noch naiv, gefangen in meinen Stücken und in einem ganz einfachen Leben. Seit jener alptraumartigen Reise, Brasillach an der Hand, der ein wenig blaß, doch immer lächelnd hinter seiner dicken Brille wartete, daß wir entschieden, ob ihm nun Lunge und Bauch fein säuberlich durchlöchert werden sollten – denn im Grunde ging es ja nur darum, und ich versuchte, es ihnen begreiflich zu machen –, seit jenen Tagen und den darauffolgenden Jahren besitze ich die gründliche Kenntnis vom Szenarium und seinen kümmerlichen Gestalten.

Die Geschichte ist nicht schön. Diese plumpen Theatereffekte, dieses absurde Melodrama, diese finsteren Hanswurstiaden, diese fast lächerlichen, nach Konvention stinkenden Verräter, mit ihren Uniformen, ihrer Ehrenlegion, ihrem Ruhm, ihren großen Worten – das war es, das Leben.

Welch seltsame Taubheit hatte mich bisher vor ihm geschützt?

Der einzige versöhnliche Ton, die einzige Hoffnung in die Menschheit sollte mir durch die ruhigen und herzzerreißenden Gedichte dieses unbekannten Freundes geschenkt werden, dieses großen Bruders, den ich nur zweimal gesehen hatte und dem ich meine erste Lektion verdankte – dieses kleinen, wehrlosen Bruders, der einsam unter den Menschen, zwischen vier Wänden aus Zement, nur noch die Hoffnung hatte, würdig zu sterben." (Vandromme, S. 146.)

Anouilhs Theaterstücke haben in Frankreich wie im Ausland bedeutende Regisseure und Schauspieler gefunden: Pitoëff, Barsacq, Barrault in Frankreich, Peter Brook in England, um nur einige zu nennen. Über die Namen prominenter Schauspieler gibt die Zeittafel der Uraufführungen auf Seite 13f Auskunft.

Anouilh ist seit 1948 selber mit großem Erfolg als Regisseur seiner Stücke sowie auch anderer Autoren (Molière, Vitrac, Shakespeare) tätig. – Er ist verheiratet mit der Schauspielerin Monelle Valentin. Seine Tochter Catherine ist ebenfalls Schauspielerin.

2. Anouilhs Vorstellungen von Drama und Theater

Anouilh versteht sich selber als „Stückefabrikant“, ohne in der Bezeichnung irgend etwas Geringschätziges zu erblicken. Er ist ein mit der Bühnenwelt eng verbundener Autor, ein „Theaterpferd“, und will vor allem dem Publikum mit seinen Stücken gefallen. Er weiß, daß ein handwerklich gut gemachtes Stück wichtigste Voraussetzung für den Erfolg ist. Er weiß, daß das Wesen des Theaters die Verwandlung, die Verkleidung, das Spiel ist, und er gehorcht dem Gesetz des Theaters mit handwerklicher Perfektion. Theater als Spiel, aber nicht als Spiel fern von aller Lebenswirklichkeit, sondern Spiel und Leben vermischen sich unaufhörlich und unmerklich. Das Leben erscheint in der Brechung, in der Spiegelung des Spiels. In einem Brief an Hubert Gignoux aus dem Jahre 1946 sagt Anouilh:

„Ich befasse mich schon eine ganze hübsche Weile mit dem Theater und mit einigem Erfolg, so daß es schon unangenehm aufgefallen ist. Aber einige fanden die beruhigende Erklärung darin, daß ich ein geschickter Stückefabrikant sei. Diese Ehre nehme ich in der Tat für mich in Anspruch, denn mein Vater war Zuschneider, ein feiner einfacher Mann, der sich wunderbar auf sein Handwerk verstand und seinen ganzen Stolz darin sah. Sollte mir in der Literatur etwas schief gehen, träumte ich immer davon, daß ich wenigstens ein so guter Handwerker sein sollte wie mein Vater.

Wir sind dabei, das Anekdotische zu erdrosseln, den Begriff des ‚gut gemachten Stücks‘ abzuschaffen, nachdem er im Theater bis zur Mumifizierung regiert hatte. Pirandello hatte sich eines Tages aufgemacht, ihn mit einem Geniestreich, dessen Bedeutung für das lebendige Theater man nie genug hervorheben kann, völlig zu ersticken: durch ‚Sechs Personen suchen einen Autor‘. Aber trotz dieser Kapitalexekution, trotz allem, was wir leisteten, jeder nach seinem Vermögen, tief entschlossen, uns der Konfektionsware zu entledigen, trotz so viel Scharfsinn und Geduld – wo stehen wir? Wir stehen da wie die ewigen Schuljungen, die vor unseren Meistern ihr Examen noch einmal bestehen müssen.

Man muß eine Komödie besser schreiben und spielen als das Leben. Das Leben kann sehr hübsch sein, doch es hat keine Form. Die Kunst will nichts anderes, als ihm diese Form geben und es durch alle möglichen Mittel wahrer machen als die Wirklichkeit.“ (Melchinger, S. 88.)

Als seinen großen Meister bewundert Anouilh den Dramatiker Jean Giraudoux. Zeugnis dafür ist sein „Nachruf auf Giraudoux“ aus dem Jahre 1944:

„Glücklich die jungen Menschen, die Vorbilder hatten! Glücklich die zitternden Jünglinge, die von dem Mann ihrer Bewunderung empfangen wurden und mit roten Köpfen seine wohlmeinenden Worte entgegennehmen durften!

Ich bin ohne Meister groß geworden, und um 1928 trug ich wohl Claudel in meinem Herzen und Pirandello und Shaw zerlesen in meiner Tasche, aber trotzdem war ich allein. Allein mit meiner Angst, bald zwanzig Jahre alt zu sein, allein mit der Liebe zum Theater und all meiner Ungeschicklichkeit. Wer würde mir das Geheimnis verraten, in dieser Zeit, in der man nur wohlgezimmerte Stücke aufführte? Musset, Marivaux, tausendmal wiedergelesen? Sie waren zu fern. Sie gehörten zu einer bereits legendären Zeit, wo das gesprochene Französisch noch Punkte und Kommata hatte, zu einer Zeit, in der die Sätze tanzten. Und doch gab es ein Geheimnis; ein Geheimnis, das zweifellos seit langem verloren war und das allein wiederzuentdecken ich viel zu klein war. Achtzehn Jahre! und die Studien werden unsicher und der Lebensunterhalt schwierig. Und diese Angst, diese ungelenken Finger. Sicher, Claudel mußte das Geheimnis wiedergefunden haben, oder vielmehr, er hatte ein anderes entdeckt, ein nur für ihn selber gültiges, aber er schien mir wie eine große unnahbare Statue, ein Heiligenbild auf einem Berg, das man nicht befragen konnte.

Da kam ein unvergleichlicher, milder Frühling und hüllte die Avenue Montaigne in Blüten.

Niemals werde ich wohl solche Kastanienbäume, werde ich eine ähnliche Süße der Luft wiederfinden, und sollte ich noch so lange leben. Für einige Abende war ich damals den Göttern nahe, in jenem Licht, das die Unterseite der Blätter mit einem bläulichen Schimmer überzog, in dem Gewirr langgestreckter Automobile und elegant gekleideter Frauen, in dieser plötzlichen Vollkommenheit, die alles in diesem Teil von Paris für mich annahm.

Oh, die Aufführungen des ‚Siegfried'... Lieber Giraudoux, wer wird es Ihnen jetzt sagen, nachdem ich es Ihnen niemals zu sagen wagte, oder auch nicht sagen wollte, wie seltsam Verzweiflung und stärkste Freude, Hochmut und zärtlichste Demut in dem jungen Mann, der die Treppen von der Galerie der Comédie des Champs-Elysées hinunterstürzte, aufeinandertrafen. ...

Teurer Giraudoux, ich habe Ihnen auch nicht gesagt, daß es der Abend von ‚Siegfried' war, an dem ich plötzlich verstand. Ich mußte dann durch eine lange Nacht hindurch, der ich noch nicht entronnen bin, der ich vielleicht niemals entrinnen werde. Aber jenen Frühlingsabenden des Jahres 1928, an denen ich als einziger Zuschauer selbst bei den komischen Stellen weinte, ist es zu danken, daß ich ein wenig ‚ausbrechen' konnte. ..." (Vandromme, S. 135f.)

Ein anderer Theaterdichter, den Anouilh verehrt, ist Molière. Nicht dessen Intelligenz, auch nicht sein Genie sind Anlaß seiner Bewunderung, sondern seine Behandlung des Theaters als einer Stätte des Spiels mit der Verwandlung und des Gelächters „über unser Elend und unser Entsetzen". Für eine Gedenkfeier in der Comédie Française anläßlich des Todestages von Molière schreibt Anouilh u. a.:

„... Wie kommt es, daß sich in dieser jährlichen Gedenkfeier für Molière auch heute noch etwas seltsam Liebenswertes findet? Woran liegt es, daß jener, der am besten die kleinen Schwächen der Menschen zu durchschauen und mit vier Strichen zu gestalten verstand, wohl nicht über uns lächelt in diesem Augenblick? Am einzigen, was die Menschen schließlich immer wieder vor sich selbst bewahrt: an etwas Liebe.

...

Unsere Göttin, die Intelligenz – dessen wird man sich einst auf Ruinen bewußt werden –, vermag allein nichts. Wäre Molière nur intelligent gewesen, wir hätten uns heute abend nicht um ihn versammelt.

...

Irgend jemand hat einmal gesagt – und er dachte dabei nicht an ihn –, der Mensch sei ein untröstliches und fröhliches Lebewesen. Und niemals hat jemand, der eine Definition für den Menschen suchte, zwei treffendere Worte gefunden, um Molière zu charakterisieren.

...

Molière hat in der Form der Komödie die schwärzesten Theaterstücke der Literatur aller Zeiten geschrieben. Bei Shakespeare wird viel mehr getötet, scheinbar mehr Verrat geübt; aber all die Heimtücke, all diese Dolchstiche und Giftbecher schmücken sich mit Musik, mit seltsam opernhaftem Zauber, die das Böse selbst zu etwas Tröstlichem und Poetischem werden lassen. Die griechische Tragödie mit ihren ausgestochenen Augen und ihren Leichen wirkt beruhigend; man geht nach soviel Entsetzlichem nicht niedergeschlagen nach Hause, sondern stolz, noch so groß – wenn auch so klein – im Angesicht der Götter zu sein.

Molière hat das Tier Mensch wie ein Insekt aufgespießt und löst mit feiner Pinzette seine Reflexe aus. Und das Insekt Mensch zeigt nur den einen, immer gleichen Reflex, der bei der geringsten Berührung aufzuckt: den des Egoismus.

...

Wer ist nun also gut bei Molière? Wer liebt? Wer schenkt einem anderen etwas, nicht nur sich selber?

Keine Antwort auf diese Frage. Molières Personen schauen sich verlegen an und schweigen.

Vielleicht nur der Schrecklichste unter ihnen, über den zu lachen wir keine Lust haben und der an die Gestalten Shakespeares heranreicht, einzig Don Juan – Molière eines Tages in der Eile einer Umbesetzung entschlüpft und sogleich wieder vom Spielplan abgesetzt – ist beinahe unschuldig und sympathisch. Sein Fall untersteht Gott.

Aber der Fall des Menschen, dem es lediglich gelungen ist, ein gewaltiges Lachen zu entfesseln, ein glückliches Lachen ohne Zähneknirschen, ein unschuldiges Lachen angesichts seiner Absurdität, seiner Kleinheit und seiner Häßlichkeit, wem untersteht er? Dem Menschen, seinem Bruder, der ihn prüft, abschätzt, laut auflacht und ihm dennoch die Hand hinstreckt.

Welch eine Bejahung in diesem männlichen und zärtlichen Lachen, und welch ein Verzeihen!

Wir können uns gegenseitig unter mehr oder weniger edlen Vorwänden verletzen, verraten, massakrieren, uns mit scheinbarer Größe aufblasen: wir sind komisch. Nichts anderes, wir alle, einschließlich derer, die wir unsere Helden nennen.

Mögen die langweiligen Philosophen der Verzweiflung, die in regelmäßigen Zeitabständen und ein wenig naiv immer wieder das Schreckliche der menschlichen Existenz entdecken und uns daran hindern möchten, uns im Theater zu amüsieren, sich in das Unabänderliche fügen: wir sind komisch.

Und das ist letzten Endes noch schrecklicher als die grauenvolle Schilderung unseres Nichts.

Dank Molière ist das wahre französische Theater das einzige, in dem keine Messen gelesen werden. Vielmehr lacht man, wie die Männer im Krieg lachen – die Füße im Dreck, die warme Suppe im Bauch, und die Waffe in der Hand –, lacht über unser Elend und unser Entsetzen.

Diese ‚gaillardise‘ ist eine der großen Botschaften Frankreichs an die Welt.

Wir danken Ihnen dafür, Molière.“ (Vandromme, S. 113–116.)

Ein Stück Charakteristik seines eigenen Werks enthält auch das, was Anouilh über Vitrac sagt, als er dessen Stück „Victor oder die Kinder an der Macht“ inszenierte:

„... Wie die Menschen bemüht sind, mit Hilfe der Illusion oder der Vernunft die Wirklichkeit ihres Daseins zu verschleiern – um so die Absurdität des Lebens zu ertragen –, so versuchen die Autoren auf der Bühne, ein womöglich noch übertriebeneres Abbild des schon äußerst konventionellen Bildes zu geben, das sich die Menschen von ihrem Leben machen. Der Naturalismus war nicht, wie man glaubte, eine Photographie der Wirklichkeit, sondern vielmehr die minuziöse Wiedergabe dieser Scheinwelt, die für uns ‚das Leben‘ geworden ist.

Vitrac, ein Riese in kurzen Hosen, tritt mit Vergnügen in diese Fettnäpfchen der bürgerlichen Küche. Er schafft mit Personen, die er aus eigener Anschauung kennt ..., mit Sätzen, die mitstenographiert sein könnten, einen Stil – er führt uns das grausige und groteske Spiel vor Augen, so wie wir es wirklich spielen.

Alle Personen Vitracs sind lebensecht; zahllos sind die riesenhaften Kinder, die entsetzliche Wahrheiten herausschreien und an ihrem neunten Geburtstag mit Erkenntnis und Tod konfrontiert werden; es wimmelt von armseligen, hinkenden Ehebrechern wie Charles und Thérèse, einen Fuß in der Lächerlichkeit und einen in jener einsamen Übersteigerung des Ichs, die die Liebenden – sogar in Paris – noch Leidenschaft nennen; wie oft betritt nicht der Tod in Gestalt einer schönen übelriechenden Dame das Haus so mancher Kleinbürger. Aber man tut so, wir alle tun so, als wüßten wir nicht, wer es ist, als hörten wir nicht, was der kleine Junge sagt.

Vitrac, der uns diese Alltagsmenschen in ihrer völligen Absurdität zeigt, hat vielleicht unsere heutige Komik erfunden.

...

Ich habe dieses Stück schon immer geliebt. Die Inszenierung von Michel de Ré im Jahre 1947 am Théâtre de la Gaîté-Montparnasse hatte mich ungewöhnlich stark beeindruckt (so stark, daß ich ‚Victor' ganz unbewußt in ‚Ardèle' ein wenig plagiiert habe; ich habe es Vitrac gebeichtet, und er hat mir großzügig verziehen). Bei der Probenarbeit aber war ich fasziniert von seinem kraftvollen Schwung, seiner szenischen Wirksamkeit, seiner treffsicheren Brutalität, seiner Offenheit, seiner französischen Schärfe und seiner Unverblümtheit.

Wenn man bedenkt, daß ‚Victor oder die Kinder an der Macht' 1928 uraufgeführt worden ist! Wieviel Zeit hätte man gewonnen, wäre dieses Stück schon damals beachtet worden...

Man sucht nach den Vätern des modernen Theaters. Meine Mühe wäre reichlich belohnt, wollte man endlich erkennen, daß Vitrac einer von ihnen ist. ..." (Vandromme, S. 139–140.)

In dem „Brief an ein junges Mädchen, das zum Theater möchte" schreibt Anouilh über das Theater:

„Es ist auch nicht unmöglich ..., daß in einer künftigen Gesellschaft, die wirklich gut organisiert ist ..., das Theaterspielen für jedermann zur Pflicht wird. Damit würde man sich ungeheuer viele Mörder, Ehebrecherinnen und Diktatoren ersparen. Könnten die Menschen nach der Fabrik- oder der Büroarbeit jeden Abend nur so zum Schein ... ihrer Anlage zum Verbrechen, zur Macht oder zur Leidenschaft Ausdruck geben, sie wären für den Rest des Tages wieder das, was sie im Grunde sind: ziemlich harmlose Lebewesen.

Solange die heilsame Einrichtung eines gemeinschaftlichen Ventils auf sich warten läßt, können in unserer noch schlecht organisierten Gesellschaft diejenigen, die über ein angenehmes Äußeres, über eine gute Stimme verfügen und eine gewisse Veranlagung haben, die Lüge mit scheinbarer (und manchmal bestürzender) Aufrichtigkeit auszusprechen, sich damit behelfen, den Beruf eines Schauspielers zu ergreifen. Sie werden nichts wirklich Wahres mehr erleben, außer am Abend, auf der Bühne. Der echte Schauspieler tötet sich nämlich nie aus Liebe, außer auf der Bühne; ...

Als der allererste Schauspieler, Thespis, eines schönen Tages bei den Dionysos-Festen vor den traditionellen Chor trat, der nur die Aufgabe hatte, feierliche Gesänge zu rezitieren, und als er mit echten Gebärden und echten Schreien die Schmerzen den Protagonisten darstellte ... – damals ging der alte Solon, der das Oberhaupt der Stadt war, bärtig und auf seinen langen Stock gestützt, nach der Vorstellung zu ihm hin – hinter die Kulissen, würde man heute sagen.

Schweigend betrachtete er das Ungeheuer, neugierig und voller Mißtrauen. Dann stieß er plötzlich seinen Stock auf den Boden und rief laut: ‚Aber wenn du derartig lügen und so grundlos unser Mitleid erregen kannst, werden dann nicht auch unsere Beamten (er meinte die Politiker) und unsere Kaufleute lernen, sich so zu verhalten?‘ Guter Solon! Wie war er doch naiv! (Oder wie gut konnte er sich verstellen, denn bei diesen Griechen weiß man es nie genau.)

Schon längst bevor es den ersten Schauspieler gab, hatten die Politiker und die Geschäftsleute lügen gelernt (ich spreche nicht von den Journalisten, die in jener Zeit nicht sehr zahlreich waren), doch sie taten es zu einem bestimmten Zweck.

Aber daß Thespis, zum erstenmal in der Welt, ohne jeglichen Grund gelogen hat, das war es, was den bärtigen alten Staatsmann so beunruhigte und geradezu entsetzte. Nach alledem, Mademoiselle: wenn Sie begabt sind, gehen Sie trotzdem zum Theater. Es ist der amüsanteste Beruf der Welt, das amüsanteste Leben. Sie sind ein junges Mädchen, und ich bin nur ein lächerlicher Querulant; und der Beruf des Schauspielers unterscheidet sich schließlich nicht allzusehr von dem, was die Mädchen schon immer getan haben im Leben..." (Vandromme, S. 169ff.).

Aufschlußreich für Anouilhs Vorstellungen von Drama und Theater sind auch seine Äußerungen über die Avantgarde:

„Jouvet sagte einmal im Scherz zu mir: ‚Das einzige, was sich niemals verändert, ist die Avantgarde.‘ In der Tat, sie steht auf ihrem Posten, die Schildwache, die sich seit 1920, abgesehen von einigen Ticks, gleichgeblieben ist. Es ist ein verwirrendes Phänomen, daß die Avantgarde seither nie eine neue klassische Kunst zu erzeugen vermochte. Die verwegene Neuheit, damit beschäftigt sie sich – hartnäckig und fleißig. Für den Inhalt zwei einfache Themen: die Absurdität der menschlichen Existenz (an die Pascal schon dachte) und die Auflehnung gegen den Vater (es findet sich immer so etwas wie ein verhaßter, tyrannischer und leicht beschränkter Vater im Theater der Avantgarde: prüfen Sie es anhand der Stücke); für die Form: Auflösung des Dialogs (schon Pirandello hat daran gedacht, die Handlung auseinanderzunehmen), mitstenographierte Plattheiten unserer Alltagssprache, die geschickt übersteigert werden, um das Absurde zu erreichen – das Absurde, diesen kalten Kaffee, mit dem schon Henri Monnier zur Zeit Louis-Philippes seine Zuschauer überschüttet hat. Um sechs Uhr in den Metro-Wagen und an den Bahnhofsschaltern in den Warteschlangen spielt man übrigens, wie Molières Monsieur Jourdain, ohne es zu wissen, sehr gutes avantgardistisches Theater.

Ich spreche selbstverständlich nicht von einem Ionesco und einem Beckett, die das Privileg des Genies haben: ich spreche vom System. Ich behaupte, daß das Theater der Avantgarde konformistisch wird. Daß es – unterstützt von einem Häufchen ziemlich bedauernswerter Intellektueller mit mühsam aufgemöbelten Gehirnen – bei den klassischen Versen des Abts Delille angelangt ist. In zehn Jahren wird man wieder die Liebe entdecken – diese alte Triebkraft der Menschen, die schon einige Kulturen überdauert hat – als ein brauchbares Thema, das ungleich abwandlungsfähiger ist als die einförmige Feststellung der Absurdität der menschlichen Existenz (was schon die großen Geister der Antike vermuteten). Wer weiß, vielleicht wird man sogar das kräftige ‚parfum de l'honneur‘ wiederentdecken, und irgend jemand wird uns einen neuen ‚Cid‘ schreiben. Und für die Form: den großen Fluß der Rede, diesen alten Kunstgriff, der seit drei Jahrtausenden gehalten hat, den weder Sophokles noch Shakespeare noch Molière verschmäht haben als das geeignetste Mittel, um die Gefühlsregungen des Autors diesem sensiblen und geheimnisvollen Ungeheuer Publikum mitzuteilen." (Vandromme, S. 175f.).

Seiner Bewunderung für Beckett, Adamov und Ionesco gibt Anouilh in einem „Kapitel über die ‚Stühle‘" Ausdruck:

„Soviel steht fest: das junge französische Theater trägt die Namen Beckett, Adamov, Ionesco. ...

Ich glaube ..., daß es für diese drei Männer, die sich meiner Sprache bemächtigt hatten und ihre Stücke vor kurzem in meinem Dorf aufführen ließen, eine Gemeinsamkeit gäbe – etwa die Unruhe –, daß sie sich damit begnügten, zu denken, sich brav aufzulehnen (allein in der Auflehnung stimmt man heutzutage überein) und auf ewig Avantgarde zu sein. Seit 1925, als ich anfing, ins Theater zu gehen, habe ich gesehen, daß die avantgardistischen Stücke sich immer gleichbleiben: nichts ändert sich weniger als die Avantgarde. Kafka war sicher genial. Daraus folgt nicht, daß man zwangsläufig genial ist, wenn man in der Manier Kafkas schreibt. Ich selbst wäre eigentlich mehr für Molière, den ich, wie übrigens unser gesamtes 17. Jahrhundert, hinter seinen Schwänken unendlich viel schwärzer und geheimnisvoller finde. Die Psychoanalysierten von heute sind klar wie Gebirgswässer, so gründlich sprechen sie sich aus. Unsere Klassiker dagegen behielten die Schlüssel zu ihren Abgründen für sich.

...

Ich komme soeben aus London zurück, wo man seit sieben Monaten ‚Waiting for Godot' spielt. Ich halte ‚Warten auf Godot' für eines der drei oder vier Stücke, die eine Schlüsselstellung im zeitgenössischen Theater einnehmen, seit der alte sizilianische Zauberer uns die Bombe der sechs Personen, die einen Autor suchen, vor die Füße geworfen hat.

‚Warten auf Godot' ist eines der beiden Meisterwerke des jungen Theaters, von dem ich sprach, eines der seltenen Stücke, die mich (wie ‚Clérambard' von Marcel Aymé) im Mannesalter in jene Verzweiflung über das eigene schöpferische Unvermögen gestürzt haben – eine Verzweiflung, die durchaus nichts mit Eifersucht zu tun hat, wie kleine Geister glauben, denn die Eifersucht wird niemals von der Freude übertönt...

Wie groß auch das Talent Becketts und des unergründlichen Marcel Aymé sein mag, ich glaubte, ein wenig Atem holen zu können. Die Erfahrung hat mich gelehrt, daß Meisterwerke selten sind. Und nun holt Ionesco seine ‚Stühle' hervor – woher, ich weiß es nicht.

Als man mir entgegenkommenderweise die beiden Spalten rechts unten im ‚Figaro' zur Verfügung stellte, ein ausgezeichneter Platz in dieser Zeitung, ließ man mir mitteilen: zweieinhalb Seiten, aber keine Werbung! Man wußte, daß ich Ihnen, meinen Lesern, ganz heimlich sagen wollte, Sie sollten sich ‚Die Stühle' im Studio des Champs-Elysées ansehen, und jeder Pariser, der das Theater liebt (und nicht nur das avantgardistische Theater), würde früher oder später erröten (in zehn Jahren, in zwanzig Jahren, denn ‚Die Stühle' haben Zeit), wenn er diese ‚Stühle' damals bei der so wunderbar gespielten und inszenierten Uraufführung nicht gesehen hat... Ich habe es der Zeitung versprochen. Doch ich habe mich nicht verpflichtet zu verschweigen, daß dieses Stück meiner Meinung nach besser ist als Strindberg, daß es manchmal auf wahnsinnig komische Art schwarz ‚à la Molière', daß es schrecklich und drollig ist, ergreifend und echt, und – außer einem leichten Zug von ältlicher Avantgarde am Ende des Stückes, den ich nicht mag – daß es klassisch ist." (Vandromme, S. 182ff.)

Es bedarf keiner besonderen Betonung mehr, daß Anouilhs dramaturgische Konzeption auf ein antiillusionistisches und surrealistisches Theater zielt. Theater ist als das zu sehen, was es ist: Theater, eine Stätte des Spiels, der Verwandlung, eine Wirklichkeit sui generis. Die Wahrheit des Lebens offenbart sich für Anouilh nicht in der Natürlichkeit der Darstellung, weil das Leben in seiner sogenannten Natürlichkeit auch nur Schein und Lüge ist, also eine Illusion der Wahrheit.

3. Zeittafel der Uraufführungen

1932 „Hermelin", Théâtre de l'Oeuvre, mit Pierre Fresnay und Marie Reinhardt; Inszenierung: Paulette Pax.

1933 „La Mandarine", Théâtre de l'Athénée, mit Pierre Culloz und Madeleine Ozeray; Inszenierung: Gérard Batbedat.

1935 „Y avait un prisonnier", Théâtre des Ambassadeurs, mit Aimé Clariond und Simone Renant; Bühnenbild: Moulaert.

1937 „Der Reisende ohne Gepäck", Théâtre des Mathurins, mit Ludmilla und Georges Pitoëff; Bühnenbild und Inszenierung: Georges Pitoëff; Musik: Darius Milhaud.

1938 „Die Wilde", Théâtre des Mathurins, mit Ludmilla und Georges Pitoëff; Bühnenbild und Inszenierung: Georges Pitoëff; Musik: Darius Milhaud.

1938 „Der Ball der Diebe", Théâtre des Arts (Compagnie des Quatre-Saisons), mit Geoffroy und Dasté; Inszenierung, Bühnenbild und Kostüme: André Barsacq; Musik: Darius Milhaud.

1939 „Leocadia", Théâtre de la Michodère, mit Yvonne Printemps, Pierre Fresnay und Victor Boucher; Musik: Francis Poulenc.

1941 „Das Rendezvous von Senlis", Théâtre de l'Atelier, mit Monelle Valentin, Michel Vitold und Georges Rollin; Bühnenbild und Inszenierung: André Barsacq.

1942 „Eurydike", Théâtre de l'Atelier, mit Monelle Valentin und Alain Cuny; Bühnenbild und Inszenierung: André Barsacq.

1944 „Antigone", Théâtre de l'Atelier, mit Monelle Valentin, Jean Davy und Suzanne Flon; Bühnenbild und Inszenierung: André Barsacq.

1946 „Romeo und Jeannette", Théâtre de l'Atelier, mit Maria Casarès, Suzanne Flon und Jean Vilar; Bühnenbild und Inszenierung: André Barsacq.

1947 „Einladung ins Schloß", Théâtre de l'Atelier, mit Michel Bouquet und Dany Robin; Bühnenbild und Inszenierung: André Barsacq; Musik: Francis Poulenc.

1948 „Ardèle oder Das Gänseblümchen", Uraufführung zusammen mit dem Einakter „Episode de la Vie d'un auteur" in der Comédie des Champs-Elysées, mit André Clément, Mary Morgan, Jean Castelot und Claude Sainval; Inszenierung: Jean Anouilh und Roland Piétri; Bühnenbild und Kostüme: Jean-Denis Malclès.

1950 „Die Probe oder Die bestrafte Liebe", Théâtre Marigny, mit der Compagnie Madeleine Renaud – Jean-Louis Barrault; Bühnenbild und Kostüme: Jean-Denis Malclès.

1951 „Colombe", Théâtre de l'Atelier, mit Danièle Delorme, Marie Ventura und Yves Robert; Inszenierung, Bühnenbild und Kostüme: André Barsacq.

1952 „Der Walzer der Toreros", Comédie des Champs-Elysées, mit Claude

Sainval, François Guérin und Madeleine Barbulée; Inszenierung: Jean Anouilh und Roland Piétri; Bühnenbild: Jean-Denis Malclès.

1953 „Jeanne oder Die Lerche“, Théâtre Montparnasse-Gaston Baty, mit Suzanne Flon; Inszenierung: Jean Anouilh und Roland Piétri; Bühnenbild und Kostüme: Jean-Denis Malclès.

1953 „Medea“, Théâtre de l'Atelier, mit Michèle Alfa und Jean Servais; Bühnenbild und Kostüme: André Bakst; Inszenierung: André Barsacq.

1954 „Cécile oder Die Schule der Väter“, Comédie des Champs-Elysées, mit Catherine Anouilh, Mlle le Couey und Henri Guizot; Inszenierung: Jean Anouilh und Roland Piétri; Bühnenbild: Jean-Denis Malclès.

1955 „Der Herr Ornifle“, Comédie des Champs-Elysees, mit Jacqueline Maillan, Catherine Anouilh, Louis de Funès und Pierre Brasseur; Inszenierung: Jean Anouilh und Roland Piétri; Bühnenbild: Jean-Denis Malclès.

1956 „Der arme Bitos oder Das Diner der Köpfe“, Comédie des Champs-Elysées, mit Michel Bouquet; Inszenierung: Jean Anouilh und Roland Piétri; Bühnenbild: Jean-Denis Malclès.

1959 „General Quixotte oder Der verliebte Reaktionär“, Comédie des Champs-Elysées, mit M. T. Martel und Paul Meurisse; Inszenierung: Jean Anouilh und Roland Piétri.

1959 „Mademoiselle Molière“, Drehbuch: Jean Anouilh und Roland Laudenbach, Dialog: Jean Anouilh; Uraufführung in Bordeaux mit der Compagnie Madeleine Renaud – Jean-Louis Barrault und Catherine Anouilh.

1959 „Becket oder Die Ehre Gottes“, Théâtre Montparnasse – Gaston Baty, mit Daniel Ivernel; Inszenierung: Jean Anouilh und Roland Piétri; Bühnenbild und Kostüme: Jean-Denis Malclès.

1961 „Die Grotte“, Théâtre Montparnasse – Gaston Baty; Inszenierung: Jean Anouilh und Roland Piétri.

1962 „Majestäten“ und „Das Orchester“, Comédie des Champs-Elysées, mit Paul Meurisse; Inszenierung: Jean Anouilh und Roland Piétri; Bühnenbild und Kostüme: Jean-Denis Malclès.

1969 „Cher Antoine ou l'Amour raté“, Comédie des Champs-Elysées; Inszenierung: Jean Anouilh und Roland Piétri; Bühnenbild und Kostüme: Jean-Denis Malclés.

1970 „Les Poissons Rouges“, Théâtre de l'Oeuvre.

1971 „Ne Réveillez pas Madame“, Comédie des Champs-Elysées.

4. Der Stoff der „Antigone“ (Labdakiden-Sage)

Den Hergang der Sage, so wie er in der Thebais, dem Epos des Kampfes der Sieben gegen Theben, wahrscheinlich gegeben war, bevor die griechischen Tragiker ihn bearbeiteten, erzählt W. Schadewaldt so:

„Dort (in Theben) war Labdakos König, der Sohn des Polydoros, des Sohns des Kadmos, der Theben gegründet hatte. Labdakos hatte zum Sohne Laios, der Iokaste, die Tochter des Menoikeus, zur Frau nahm. Nun hatte aber dieser Laios in seiner Jugend einst in Elis den schönen jungen Sohn des Pelops, Chrysippos, erblickt und Liebe zu ihm gefaßt und ihn gewaltsam nach Theben entführt. Da verfluchte ihn der Vater des Chrysippos, Pelops, er solle niemals einen Sohn erhalten, wenn aber doch, so solle dieser Sohn ihn töten; und der Gott in Delphi bestätigte diesen Fluch des Pelops. – Als dem Laios doch ein Sohn geboren wurde, ließ er das Kind im nahen Kithairon-Gebirge aussetzen. Doch der damit beauftragte Hirte übergab den Knaben einem anderen Hirten, der die Herden des Königs von Korinth, Polybos, hütete, und so gelangte der Knabe nach Korinth, wo ihn der kinderlose Polybos an Sohnes Statt annahm und ihn, da ihm die Fußknöchel durchstoßen waren, Ödipus, das ist ‚Schwellfuß' nannte. – ... Ödipus geht, als er herangewachsen ist, nach Delphi und empfängt von dem Gott in Delphi den furchtbaren Spruch, er werde seinen Vater töten und seine Mutter heiraten. Um dem Spruch zu entgehen, kehrt Ödipus nicht nach Korinth zurück, sondern wendet sich nach Boiotien. Da trifft er auf seiner Wanderung im Lande Phokis an einem Kreuzweg seinen ihm unbekannten Vater Laios, gerät in Streit mit diesem und erschlägt ihn, der so als erster dem Fluch anheimfällt. – Ödipus kommt nach Theben, seiner wahren Vaterstadt, befreit die Stadt von der Sphinx, ... indem er das Rätsel der Sphinx löst; gewinnt durch diese Tat die Herrschaft über Theben und die eigene, ihm unbekannte Mutter Iokaste zur Gemahlin, erzeugt mit ihr vier Kinder: Eteokles und Polyneikes, Ismene und Antigone, und herrscht lange segensreich über Theben, bis alsdann seine wahre Herkunft an den Tag kommt und er sich selber blendet, während Iokaste sich erhängt. Es ist die zweite Auswirkung des Fluchs. – Als die Söhne des Ödipus, Eteokles und Polyneikes, herangewachsen sind, gedenken sie zuerst, gemeinsam Theben zu regieren. Allein es entsteht ein Streit unter ihnen, und Eteokles vertreibt den Polyneikes von Thron und Heimat. Er kommt nach Argos, wo Adrastos herrscht, gewinnt eine Tochter des Adrastos zur Gattin und betreibt alsdann einen Kriegszug gegen Theben, zu dem sich unter der Führung des Adrastos die bedeutendsten Helden der Zeit, im ganzen sieben, vereinigen. Vor Theben angekommen, stellen sich die Sieben an den sieben Toren Thebens zum Angriff auf. Eteokles stellt die besten der Thebaner ihnen entgegen, sich selber aber seinem Bruder Polyneikes, denn so wollte es der alte Fluch, der auf dem Geschlecht der Labdakiden von jener Untat des Laios her lastete. Und so kommt es, daß in dem Kampf um Theben die beiden Brüder gegeneinander stehen und einer den anderen tötet. ...

An den Zug der Sieben gegen Theben und den Tod der beiden Brüder schließt unmittelbar die Geschichte von Antigone an, wie Sophokles sie in seiner Tragödie gestaltet hat. Doch hat Sophokles nach allem, was wir wissen, die Fabel seines Dramas aus dem ihm gegebenen großen Zusammenhang der Labdakiden-sage so gut wie frei entwickelt. Die Hauptmomente seiner Neugestaltung waren, daß er zunächst einmal in seinem Einzeldrama den Fluch, den Pelops einst über Laios gesprochen hatte, zurückdrängte. ... Sodann hat nach allem, was wir wissen, erst Sophokles die Gestalt der Ödipustochter Antigone in seinem Einzeldrama in die Mitte gerückt. Die ältere Sage wußte allenfalls von ihrer Schwester Ismene einiges zu berichten, ... Diese ältere Sage wußte auch nichts von dem Bestattungsverbot, das über Polyneikes verhängt wird. Vielmehr wird dieser in einigen auf uns gekommenen Nachrichten so wie die anderen vor Theben gefallenen Heerführer auf dem Scheiterhaufen verbrannt. Vor allem aber: schon am Ende eines früheren Dramas, des ‚Aias', war Sophokles dem Motiv der ‚Antigone' sehr nahe gekommen. Auch dort wollte man dem Helden als einem Feind des Heeres nach seinem Tode die Bestattung versagen, und nur durch die weise Einsicht des Odysseus, der zum Guten redete, wurde dies vermieden.

In der ‚Antigone' des Sophokles wird von dem neuen Herrscher Kreon, der nach dem Tod der beiden Brüder als Bruder der Iokaste und Nächstverwandter die Herrschaft in Theben übernommen hat, über den Landesfeind Polyneikes das Bestattungsverbot verhängt. Doch da ist keiner, der überzeugend zum Guten redet wie Odysseus in der Aias-Tragödie. Und so wird das Bestattungsverbot in der ‚Antigone' zum Keim einer neuen Tragödie. Wie Tekmessa und Teukros im ‚Aias' widersetzt sich Antigone, die Schwester des Polyneikes, dem Gebot des Herrschers. Bei der Bestattung des toten Bruders ergriffen, wird sie von Kreon dazu bestimmt, daß sie lebendig in einer Grabkammer eingemauert werde. Dort erhängt sie sich, und ihr Verlobter Haimon, der Sohn des Kreon, tötet sich über ihrer Leiche. Der Irrtum des Kreon, daß er den Toten noch im Tode verfolgte, ist durch den Verlust des Sohnes auf ihn selbst zurückgefallen, und er erkennt, bitter belehrt, daß die Götter nicht auf seiner Seite waren. – Es ist die Fabel der ‚Antigone' des Sophokles, – in ihrer ganzen Art gewiß nicht alte Sage." (Schadewaldt, S. 257ff.).

II. Gang der Handlung

Anouilhs „Antigone" trägt den Untertitel „Stück in einem Akt"; es gibt keine äußere Unterteilung in Szenen. Dennoch ist es nicht so einheitlich, nahtlos komponiert wie etwa Kleists „Zerbrochener Krug". Der dramatische Dialog zwischen den Personen des Labdakidengeschlechts wird an einigen Stellen von der Person des Sprechers unterbrochen, der sich kommentierend an das Publikum wendet.

Unserer Beschreibung der Handlung legen wir folgende Gliederung zugrunde[1]:

1. Der Sprecher (Prolog), S. 7–9
2. Antigone – Amme, S. 9–13
3. Antigone – Ismene, S. 13–17
4. Antigone – Amme, S. 18–20
5. Antigone – Hämon, S. 20–24
6. Antigone – Ismene, S. 24
7. Kreon – Wächter – Page, S. 25–28
8. Der Sprecher (Chor), S. 28–30
9. Antigone – Wächter, S. 30–32
10. Antigone – Wächter – Kreon, S. 32–34
11. Antigone – Kreon, S. 34–53
12. Kreon – Sprecher, S. 53
13. Kreon – Hämon – Sprecher, S. 53–55
14. Antigone – Wächter, S. 56–61
15. Sprecher – Bote – Kreon – Page, S. 61–64

1. Der Sprecher (7–9)

Zu Beginn des Stückes wendet sich der Sprecher (im Original: Le Prologue) an die Zuschauer und stellt die auf der Bühne versammelten Personen vor. Er beschreibt ihr Verhalten vor Beginn der dramatischen Handlung und die Rolle, die sie in dem sogleich beginnenden Spiel übernehmen werden. Danach schildert er kurz die Situation zu Beginn des Spiels: Nachdem Eteokles und Polyneikes, die beiden Söhne des Ödipus, sich gegenseitig im Streit um Theben getötet haben, übernimmt Kreon, der Schwager des Ödipus, das Zepter über die Stadt. Er beginnt seine Herrschaft mit dem Bestattungsverbot für Polyneikes und der gleichzeitigen Todesdrohung für alle jene, die es wagen sollten, dieses Verbot zu brechen.

2. Antigone – Amme (9–13)

Es ist vier Uhr morgens. Die Amme will nach Antigone sehen und findet das Bett leer. Antigone kehrt gerade von einem nächtlichen Spaziergang zurück. Die Amme ist entsetzt über das ungehörige Verhalten und vermutet ein heimliches Rendezvous mit einem Liebhaber. Antigone bestätigt zunächst die Vermutung der Amme, versichert ihr dann aber doch, nichts Ungebührliches getan zu haben. Die Amme brauche nicht zu fürchten, wegen ihrer Unachtsamkeit von Iokaste getadelt zu werden, denn Iokaste wisse, weshalb sie ausgegangen

[1] Die Seitenangaben beziehen sich auf die Ausgabe: *Jean Anouilh*, Antigone; Theater-Texte Bd. 3, Verlag Langen-Müller.

sei. Wenn auch Antigone der Amme nicht eindeutig sagt, weshalb sie in der Frühe das Haus verlassen habe, so teilt doch der Zuschauer keinen Augenblick die Meinung der Amme, sondern spürt, daß etwas sehr Wichtiges, Folgenschweres geschehen sein muß („Spar deine Tränen – vielleicht brauchst du sie noch. Wenn du so weinst, komme ich mir wieder vor wie ein kleines Kind – und das darf ich nicht sein – heute nicht." S. 13). Auch ohne Kenntnis des überlieferten Stoffes und der sophokleischen „Antigone" muß der aufmerksame Zuschauer vermuten, daß Antigones nächtlicher Ausgang in Zusammenhang steht mit Kreons Bestattungsverbot, denn der Sprecher hat angekündigt, daß Antigone sich „gegen Kreon" stellen werde und daß sie „sterben muß". Dadurch genießt der Zuschauer das Gefühl der Überlegenheit: er weiß mehr als die Amme. Er weiß Bescheid und ist interessiert zu sehen, wie Antigone mit ihrem Geheimnis umgehen wird.

3. Antigone – Ismene (13–17)

Ismene erscheint nach schlafloser Nacht und spricht ihr Erstaunen aus, daß Antigone schon aufgestanden sei. Die Amme begreift nicht das sonderbare Verhalten beider Schwestern, geht dann aber sogleich den Morgenkaffee bereiten.

Jetzt, allein mit Antigone, versucht Ismene das Gespräch auf das Problem zu bringen, das beide offenbar schon am Vortage beschäftigt hat: die Bestattung des Polyneikes. Antigone lenkt ab, erinnert an die gemeinsame Kindheit und betont den Unterschied zwischen sich und der Schwester. Ismene jedoch, die die Nacht über nachgedacht hat, faßt nach: „Wir können es nicht tun." Als Begründung sagt sie: „Er wird uns töten lassen." Gelassen gibt Antigone der Schwester recht: „Er muß uns töten lassen, und wir müssen unseren Bruder bestatten. So sind die Rollen verteilt..." Ismene versucht es anders, die Schwester umzustimmen. Sie appelliert an die Vernunft; sie könne den Onkel ein wenig verstehen; er sei der König und müsse ein Beispiel geben. Aber auch dieses Argument erschüttert Antigone keineswegs. Gegen die Vernunft, gegen das Verstehen, d. h. gegen diesen Konformismus des Man-tut oder Man-tut-nicht sträubt sich ihr ganzes Wesen: „Ich will nicht verstehen. Vielleicht später, wenn ich alt bin ... Jetzt nicht." Das Verstehen, die Vernunft erscheinen als Eigenart des Alters, dem Antigone die Intuition der Jugend entgegenstellt. Und Ismene erweist sich als recht geschickt, indem sie sich nun emotionell an Antigone wendet. Nach dem sachlichen „Er wird uns töten lassen" malt sie nun die Szene ihrer Exekution mit vielen Einzelheiten aus („Sie werden hinter uns herjohlen..."), versucht mit derben Ausdrücken unmittelbar die Empfindung der Schwester zu erregen (hinter uns herjohlen, uns ins Gesicht spucken, ihr Gestänk und rohes Lachen, auf einem armseligen Karren zur Richtstätte zerren). Die erhoffte Wirkung bleibt jedoch aus, obwohl Antigone gesteht, ebenso wie Ismene nicht sehr mutig zu sein. Übereinstimmung besteht auch in der Furcht vor dem Tod. – Ismene: „Ich will nicht sterben." Antigone ruhig: „Glaubst du, ich will gerne sterben?" Ismene gibt noch nicht auf. Nach einem Schweigen fragt sie plötzlich: „Hast du denn keine Freude mehr am Leben?" Darauf antwortet Antigone leidenschaftlich und läßt die Schwester kaum noch zu Worte kommen. Das Gespräch hat eine Wende genommen: Während Ismene in der ersten Hälfte die Angreifende ist, reißt in der zweiten Hälfte Antigone die Führung an sich und gewinnt auch die menschliche Überlegenheit. Sie schickt die ältere Schwester ins Bett, verspricht ihr zu bleiben, bis sie wieder aufwacht, und beruhigt sie mit der Zusage, noch einmal mit ihr zu sprechen. Nicht ohne Mitleid mit der Schwäche Ismenes dominiert Antigone am Ende der Szene („Arme Ismene").

4. Antigone – Amme (18–20)

Aber so stark, wie Antigone am Ende des Gesprächs mit Ismene erscheint, ist sie keineswegs. Als die Amme wieder erscheint und den Kaffee bringt, sucht Antigone Schutz und Beistand bei ihr wie als Kind, wenn sie Angst hatte. Und Angst hat sie auch jetzt.

Die Bitte, nie wieder mit ihrem Hund zu schimpfen und mit ihm zu sprechen wie mit einem Menschen, wird in ihrem Sinn von der Amme nicht verstanden. Dadurch entsteht die Komik in den Antworten der Amme. Aber warum Komik an dieser Stelle? Ist sie nicht fehl am Platz? – Sie ist Ausdruck des Nicht-Verstehens, also Ausdruck des Allein-Seins der Antigone und damit Verdeutlichung der Stellung Antigones, die nicht nur von Ismene innerlich weit entfernt ist, sondern auch von ihrer Vertrauten der Kindheit.

5. Antigone – Hämon (20–24)

Nachdem Antigone sich vergewissert hat, daß Hämon ihr den kleinen Streit beim letzten Zusammensein verziehen hat, genießt sie in den Armen Hämons die Vorstellung, einem Sohn, den sie sich gewünscht hatten, liebevolle beschützende Mutter zu sein. Damit transponiert sie ihr eigenes Schutzbedürfnis in eine irreale Welt, in der sie selber gewährt, was sie in ihrer eigenen realen Welt entbehrt. In dieser irrealen Muttervision wird also im Grunde der gleiche Seelenzustand ausgedrückt wie in den komischen Repliken der Amme: Angst, Schutzbedürfnis, Allein-Sein.

Diese Muttervision stärkt sie in ihrer eigenen Situation. Aber sie braucht noch mehr: die Gewißheit, daß Hämon sie wirklich liebt. Dann erst ist sie bereit, ihm zwei Dinge zu gestehen, allerdings unter der Bedingung, er müsse danach, ohne ein Wort zu sagen, hinausgehen: Erstens: Sie sei gestern in Ismenes Kleid und Aufputz zu ihm gekommen, um wie sie, d. h. verführerischer zu sein („Ich war gekommen, weil du mich ganz nehmen solltest, weil ich schon vorher deine Frau werden wollte.") Und die zweite Mitteilung enthält die Begründung: Sie habe vorher seine Frau werden wollen, weil sie ihn sehr liebe und weil sie ihn niemals heiraten werde. – Mehr Hämon zu sagen, scheint sie nicht fähig, denn sie beschwört ihn unter der Drohung, sich aus dem Fenster zu stürzen, er möge kein einziges Wort mehr sagen. Die Gelassenheit und Festigkeit, die Antigone ihrer Schwester gegenüber gezeigt hat, erweist sich also von hier gesehen als scheinbar, als trügerisch. Antigone ist in ihrer Haltung äußerst gefährdet. Insbesondere wird Ismenes Verdacht „Hast du denn keine Freude mehr am Leben?“ entschieden zurückgewiesen. Antigone hängt, wie es scheint, so sehr am Leben, daß die visionäre Vorwegnahme einiger Lebensbereiche als notwendige Voraussetzung erscheint für den Entschluß zu sterben.

6. Antigone – Ismene (24)

Ismene hat keinen Schlaf finden können und erscheint erneut, um Antigone flehentlich zu bitten, ihren Plan aufzugeben. Nach dem für sie beruhigenden Geständnis an Hämon ist Antigone jetzt auch gefestigt genug, Ismene zu gestehen, daß sie bereits vor ihrem ersten morgendlichen Gespräch mit der Schwester den toten Bruder bestattet habe.

7. Kreon – Wächter – Page (25–28)

Bleich vor Angst erscheint ein Wächter vor Kreon, um nach langer Vorrede der Entschuldigung und der Rechtfertigung, weshalb gerade er und nicht ein anderer hier erscheine, zu melden, daß trotz gewissenhafter Bewachung durch ihn und seine Kameraden jemand in der Nacht Erde auf den Leichnam des Polyneikes geworfen habe. Schwache Fußabdrücke und eine kleine verrostete Kinderschaufel wiesen auf ein Kind als Täter. Kreon vermutet in der Tat die Opposition der Anhänger des Polyneikes gegen sich, die sich eines Kindes bedienen, damit er sich die Hände mit unschuldigem Blut besudele. Er verpflichtet die Wächter, nichts von der Tat verlauten zu lassen. Die Möglichkeit, ein Kind in dem Täter zu entdecken, macht ihn nachdenklich. Sein Page hätte es seiner Überzeugung nach auch getan.

8. Der Sprecher (28–30)

An dieser Stelle unterbricht der Sprecher (im Original hier: Le Chœur) die Handlung und teilt den Zuschauern seine Gedanken über das Wesen der Tragödie und des Dramas mit. Die Feder sei gespannt, und nun schnurre alles von allein ab. Das sei so bequem in der Tragödie: Es genüge ein kurzer Blick nach einem Mädchen, das gerade vorübergeht, ein Verlangen nach Ehre eines Morgens beim Erwachen wie nach etwas Eßbarem oder eine eines Abends zu viel gestellte Frage – und die Sache schnurre von allein ab. Das tragische Zubehör sei vorhanden: Tod, Verrat, Verzweiflung, donnernde Gewitter und das Schweigen verschiedener Art. Es sei wie bei einem Film, dessen Ton ausfalle.

Eine so bequeme, sichere Sache sei das Drama nicht. Da gebe es vor allem immer den Hoffnungsschimmer auf Rettung, da werde einem das Sterben schwer gemacht. In der Tragödie dagegen könne man beruhigt sein, alle seien gleich unschuldig, und wenn da jemand töte oder getötet werde, so sei das nur eine Frage der Rollenverteilung. Der entscheidende Vorteil der Tragödie sei, daß es in ihr keine trügerische Hoffnung gebe. Man wisse eben, daß man wie eine Maus in der Falle gefangen sei.

Der Sprecher deutet das bisherige Geschehen als Tragödie, die er bequem, ruhig, genau, sauber, erholsam, sicher nennt (commode, tranquille, minutieux, propre, reposant, sûr). Man ist unter sich (entre soi), sie ist etwas für die Könige (pour les rois). Und diese positive, aber ironische Charakterisierung erfährt die Tragödie allein deswegen, weil es in ihr die Hoffnung, die schmutzige Hoffnung (sale espoir) nicht gibt. Man ist gefangen wie eine Maus in der Falle und macht nicht den Versuch, aus dieser Falle zu entweichen. Diese Auffassung klingt zwar recht fatalistisch, deprimierend, weil der Mensch als hilfloses, gefangenes Wesen erscheint, dem jegliche Hoffnung auf Besserung genommen wird. Aber in dem Augenblick, da der Mensch die Begrenzung durch seine Falle akzeptiert, die Beziehungen nach draußen abgebrochen hat und deswegen keinen Fluchtversuch mehr unternimmt, wird ihm ein großer Gewinn zuteil. Das wird deutlich in der Überleitung des Sprechers zur nächsten Szene. „Nun haben sie die kleine Antigone erwischt.“ (Im französischen Original heißt es: La petite Antigone est *prise*, in Parallele offenbar zu dem Bild von der Maus in der Falle, die im Original lautet: *pris* comme un rat.) Der Gewinn dieser Gefangenschaft und ihrer Annahme zeigt sich aber erst in dem folgenden Satz: „Zum erstenmal in ihrem Leben wird sie ganz sie selbst sein können.“ Es ist deswegen wohl nicht angebracht, in den Äußerungen des Sprechers eine resignierend pessimistische Grundhaltung des Autors Anouilh zu erkennen, denn nicht Verzicht ist die am Ende dominierende Haltung, sondern Triumph, der bereits hier angedeutet wird.

9. Antigone – Wächter (30–32)

Antigone ist von den Wächtern gefangen worden, als sie zum zweitenmal Erde auf die Leiche geworfen hat. Völlig verändert erscheinen die Wächter in dieser Szene: keine Spur mehr von der ängstlichen Unterwürfigkeit, sondern selbstgefällig, schnodderig in der Rolle des Stärkeren genießen sie schon das derbe Vergnügen, das sie sich von der Belohnung bereiten wollen, die sie für ihre Tat erwarten.

10. Antigone – Wächter – Kreon (32–34)

Kreon erscheint, und die Wächter nehmen sofort wieder die Haltung unterwürfiger, gehorsamer Diener an. Sie berichten Kreon den Hergang der Verhaftung. Antigone bestätigt die Aussagen der Wächter und gesteht auch, schon einmal in der Nacht Erde auf die Leiche des Polyneikes geworfen zu haben. Sie habe es mit der kleinen Schaufel des Polyneikes getan, mit der sie und der Bruder in den Ferien am Strand Sandburgen gebaut haben. Kreon schickt die Wächter hinaus, um allein mit Antigone zu reden.

11. Antigone – Kreon (34–52)

In dieser entscheidenden Szene stehen sich die Kontrahenten allein gegenüber. Wir haben Antigones Weg bis zu diesem Auftritt verfolgt, wie sie allmählich Festigkeit in ihrer Position gewinnt, indem sie erkennt, daß sie auf sich allein gestellt ist, und folglich alle Beziehungen nach außen abgebrochen hat. Sie hat sich von ihrer Schwester distanziert, hat das Vertrauensverhältnis zwischen sich und der Amme für beendet erkannt und hat auch ihr Verhältnis zu Hämon geregelt: Sie ist damit ganz „sie selber" und gut gerüstet für die Begegnung mit Kreon.

Wie verläuft nun diese Begegnung im einzelnen? Nachdem Kreon sich vergewissert hat, daß Antigone mit niemandem über ihre Tat gesprochen hat, versucht er zunächst, das Ereignis zu verheimlichen. Antigone solle auf ihr Zimmer gehen und einige Tage krank sein, die Wächter werde er verschwinden lassen. Dem widerspricht Antigone und kündigt an, sie werde die Bestattung wiederholen, denn es sei für sie unumgängliches Gebot, den Bruder zu beerdigen, damit er nicht ewig umherirre. Kreons Einwand, Polyneikes sei Aufrührer und Verräter, begegnet sie mit dem Hinweis auf die Verwandtschaftsbeziehungen: als Bruder habe er ein Recht auf Bestattung durch sie.

Als diese Methode nicht wirkt, versucht er sie mit der Erinnerung an die Strafe einzuschüchtern. Auch sie als Königstochter und Verlobte Hämons solle sich nicht einbilden, von der angekündigten Strafe ausgenommen zu werden. Aber einer solchen Illusion hat Antigone sich auch nicht hingegeben. Sie habe damit gerechnet, sterben zu müssen. Diese Gelassenheit und Unerschütterlichkeit seiner Kontrahentin droht Kreon aus der Fassung zu bringen. Er erkennt in dieser Haltung den „Hochmut des Ödipus" (36), und in beherrschtem Zorn versucht er, diesen Hochmut als Verirrung darzustellen. Mit einer solchen Außerordentlichkeit, der die Sphäre des Menschlichen unbehaglich ist, könne man keinen Staat regieren. Theben brauche einen König, der mit beiden Füßen auf der Erde stehe, um die „Weltordnung hier etwas vernünftiger zu gestalten". (36) Die Staatsführung sei für ihn kein „Abenteuer, sondern ein Beruf wie jeder andere auch." (36) Durch die Darstellung seines politischen Pragmatismus hat er sich wieder so weit beruhigt – er glaubt offenbar an die positive Wirkung seiner Worte –, daß er es noch einmal wie zu Beginn der Szene mit gutem Zureden versucht. Mit der Geste des erfahrenen, gütigen, weitblickenden Onkels wiederholt er die Worte: „Du gehst jetzt auf dein Zimmer, ..." (37) Antigone antwortet nicht und will hinausgehen, doch er hält sie zurück, denn sie geht nicht zu der Tür, die in ihr Zimmer führt.

Kreon begreift, daß Antigone wieder der Leiche zustrebt, um sie erneut mit Erde zu bedecken. Durch diese Beharrlichkeit verliert er ein Stück seiner Sicherheit; er beginnt zu bitten, weist auf die Sinnlosigkeit dieses heuchlerischen Bestattungsritus hin. Antigone stimmt seinen Argumenten sogar zu, aber sie müsse es dennoch tun. Und auf die Frage, für wen sie es denn tue, gibt sie die entscheidende Antwort: „Für niemand. Für mich." (38) Schweigend betrachtet er daraufhin seine Nichte, deren Überlegenheit er nun deutlich spürt. Sein Angebot, sie zu retten, weist sie als unmöglich zurück. Er sei zwar König, aber retten könne er sie ebensowenig wie sie zu etwas zwingen. Kreon erkennt, daß er die schlechte, seine Nichte dagegen die gute Rolle spielt, und er bittet sie, diese Überlegenheit nicht zu sehr auszunützen. Mehr als bitten kann er nicht, seine Machtmittel sind wirkungslos. Erbarmungslos macht Antigone ihm klar, daß er durch die Annahme des politischen Geschäfts die Unfreiheit eingehandelt habe. Während sie, Antigone, noch zu allem, was ihr mißfällt, nein sagen könne, könne er mit seiner Krone, mit seiner ganzen Stadt sie nur noch töten lassen. Und nun habe er gar Angst vor der Notwendigkeit, sie töten zu lassen. Ein Mann, der Angst habe, sei erbärmlich, und ganz besonders deswegen, weil er es gegen seinen Willen tun müsse, wie er schon gegen seinen Willen dem Polyneikes die Bestattung verweigert habe. Im Vergleich mit einem solchen König sei sie die wahre Königin, denn sie müsse nicht tun, was sie nicht möge. Als der geschlagene Kreon schließlich um Mitleid bittet, bleibt sie wiederum hart: „Nein – denn du hast ja gesagt. Dafür wirst du von jetzt an immer bezahlen müssen." (43) Die gleiche Konsequenz, mit der sie zu ihrem Nein steht, zwingt sie nun dem auf, der ja gesagt hat.

Kann Kreon sich von dieser Demütigung wieder erholen? – Er versucht es. Ein verzweifelter Appell an die Vernunft ist sein erster Schritt. Er entwirft das Bild des Schiffes, auf dem Chaos herrscht, wenn keiner das Ruder hält. Einer müsse doch das Rad in die Hand nehmen und könne nicht lange fragen, ob er dafür eines Tages teuer bezahlen müsse. Dagegen sei nein sagen und sterben leicht. Nein sagen sei feige, sei eine Erfindung der Menschen. Unter Tieren und Pflanzen gebe es so etwas nicht. Auch wenn sie sich über ihn lustig mache – sie nennt ihn „König der Tiere" – werde er weiter an dem Glück der Menschen arbeiten, auch wenn sie es nicht wollen und ihn hassen. Antigone verweigert mit wenigen Worten ihre Bereitschaft zu verstehen. Sie hasse jedoch nicht, sondern habe zu sterben. – Kreon setzt sich erschöpft. Nach intensiver Argumentation kein Erfolg. – Ein letzter Versuch soll prüfen, ob Antigone sich ihrer Rolle wirklich sicher ist. Er erzählt die Geschichte ihrer Brüder. Polyneikes sei ein rücksichtsloser Rohling gewesen, der das Geld des Vaters verpraßt, den Vater brutal geschlagen und schließlich Attentate auf ihn ins Werk gesetzt habe. Eteokles sei keineswegs besser gewesen, sondern habe ebenfalls dem Vater nach dem Leben getrachtet, um dann Theben an den Meistbietenden zu verschachern.

Der einzige Unterschied sei nur, daß Polyneikes es vor ihm versucht habe. Das Staatsbegräbnis für Eteokles habe er lediglich aus politischem Kalkül angeordnet, weil er nicht habe zugeben können, daß auf beiden Seiten ein Schweinehund war. Es sei nicht einmal sicher, daß dem Leichnam des Eteokles diese Ehre zuteil wurde, denn beide seien bis zur Unkenntlichkeit verstümmelt gewesen. Antigone hat diesem Bericht nur wenige sichere Kenntnisse aus der Erinnerung entgegenzustellen, kann schließlich nur noch „fast bittend" sagen: „Das ist nicht wahr." Diese Darstellung ihrer Brüder hat sie zweifellos in ihrer Haltung erschüttert. Jetzt will sie auf ihr Zimmer gehen. Kreon hat einen Sieg errungen, er kann wieder hoffen.

Aber dasselbe Mittel, das ihm diesen Erfolg verschafft hat, bringt ihn auch wieder um diesen Erfolg: seine Eloquenz. Der Erfolg beschwingt ihn, er schwärmt Antigone von dem Schönen vor, das sie im Leben erwarte, von dem Glück des Lebens. Doch worin besteht es nach Kreons Aussage? „Nur das Unausgesprochene ist wahr." (49) „Du wirst auch noch einsehen ..., daß das Leben oft nur ein Buch ist, das man gerne liest, ein Kind, das zu deinen Füßen spielt, ein Gegenstand, der sicher in der Hand ruht, oder ein verlöschender Abend, wenn du vor dem Haus sitzt. ... Vielleicht ist das ganze Leben nur ein bißchen Glück." (49) In dieser Darstellung vermag Antigone kein Glück des Lebens, nichts Schönes zu erkennen. Zu diesem Leben, das aus Lüge und Heuchelei besteht, will Antigone nicht ja sagen. Wenn sie Hämon nicht lieben könne, so wie sie es will, wenn sie nicht die Gewißheit habe, daß das Leben so schön werde, wie ihre Kindheit war, dann wolle sie lieber sterben. Hierin falsche Hoffnung hegen, ohne Gewißheit zu haben, sei nicht Sache der Tochter des Ödipus. („Wir gehören zu den Menschen, die jeder Frage auf den Grund gehen, bis kein Fünkchen falscher Hoffnung mehr bleibt." (51) Und nun sprudelt die Verachtung dieses verlogenen Pragmatismus unhaltbar aus Antigone hervor: „ihr armseligen Glückskandidaten! Ihr seid häßlich, selbst die Schönsten unter euch! Ihr habt alle ... Köpfe wie die feisten Köche." (51)

Kreon bemüht sich vergeblich, Antigone den Mund zuzuhalten, um den Vorgang zu verheimlichen. Antigone will dagegen ihren Protest in die Öffentlichkeit schreien: „Mach die Türen auf – die Türen auf – sie sollen mich hören!" (52)

In dem Augenblick öffnet sich die Tür, und Ismene stürzt herein. Sie erklärt Kreon, mit Antigone zusammen Polyneikes bestattet zu haben, und begehrt, mit der Schwester zu sterben, falls Kreon jene töten lasse. Antigone weist Ismene jedoch zunächst entschieden zurück, sie habe das Leben gewählt. Jetzt mit ihr zu sterben, wäre zu einfach, sie hätte schon wie sie am Morgen hingehen müssen. Als Ismene ankündigt, sie werde am nächsten Morgen hingehen, erkennt Antigone die Wirkung ihres eigenen Beispiels: „Hörst du sie, Kreon? Sie ist schon angesteckt! Und wer weiß, ob nicht auch noch andere angesteckt werden, wenn sie mich hören?" (53) Damit nimmt sie ihre anfängliche schroffe Ablehnung des Opfers der Schwester im wesentlichen zurück und akzeptiert es. Jetzt triumphiert Antigone erst richtig: Sie kann Kreon auf die Gefahr ihrer revoltierenden Wirkung hinweisen und ihn zwingen, die Wächter zu rufen. Ihm bleibt keine andere Wahl. Die Wächter erscheinen, führen Antigone ab. Antigone „schreit erleichtert auf: Endlich, Kreon!“ (53)

12. Kreon – Sprecher (53)

Nach dieser entscheidenden Szene erscheint der Sprecher wieder, allerdings in veränderter Funktion. Diesmal wendet er sich nicht an die Zuschauer, sondern an Kreon; er steht nicht außerhalb des Geschehens als Kommentator, sondern er spielt mit in dem Geschehen. Während er in der Einführung des Stückes gelassen verkündet, daß Antigone sterben werde und später von dem beruhigenden Zustand in der Tragödie spricht, in der es keine Hoffnung gibt, macht er in dieser Szene den Versuch, Antigone zu retten, erweckt also im Zuschauer die Hoffnung auf einen Ausweg. Kreon hält diesen Bemühungen entgegen, Antigone sei nicht zu retten, denn ihre Bestimmung sei, nein zu sagen und zu sterben. Polyneikes sei nur ein Vorwand, denn als sie nicht mehr für ihn sterben konnte, habe sie sofort einen anderen Grund gefunden.

13. Kreon – Hämon – Sprecher (53–55)

Nun erscheint auch Hämon, um seinen Vater zu bitten, Antigone zu retten. Er muß jedoch erkennen, daß sein Vater, der mächtige Beschützer seiner Kindheit, Gegenstand seiner kindlichen Bewunderung, nicht alles vermag. Damit müsse man sich abfinden, meint Kreon, das sei der Übergang zum Erwachsensein. Das bedeute, daß man eines Tages das Gesicht seines Vaters so sehe, wie es wirklich ist, und das bedeute auch die Erkenntnis, daß man in dieser Welt immer allein ist. Als Hämon schließlich schreiend hinausstürzt, versucht der Sprecher erneut, Kreon umzustimmen. Vergeblich – Kreon verweist auf seine Machtlosigkeit.

Die Antigone-Rufe verstärken sich, die Revolte wächst. Die Menge stürmt den Palast. Antigone wird hereingestoßen, die Türen werden geschlossen, um der nachdringenden Menge den Eintritt zu verwehren. Alle gehen, um die lärmende Menge zurückzudrängen. Nur ein Wächter bleibt bei Antigone.

14. Antigone – Wächter (56–61)

Antigone versucht, mit dem Wächter ins Gespräch zu kommen, um ihre Angst zu betäuben. Aber mit diesem „letzten Menschenantlitz“ ist keine Kommunikation möglich. Antigone duzt den Wächter, er sagt Sie. Mitteilsam wird der Wächter erst, als Antigone sich für seine Dienststellung zu interessieren scheint. In der Ausführlichkeit, mit der der Wächter über die Beziehungen zwischen

Wachmannschaft und Armee spricht, was Antigone mit Sicherheit nicht interessiert – sie denkt nämlich ans Sterben – liegt eine gewisse Komik, die die völlige Unmöglichkeit der Kommunikation verdeutlicht. Der Wächter ist so sehr mit sich beschäftigt, daß er gar nicht merkt, wie wenig Antigone ihm zuhört. Die Aussagen Antigones zeigen, wie sehr die Angst sie quält, während der Wächter völlig gefühllos bleibt, ja er steckt sich gerade in dem Augenblick, da Antigones Todesfurcht am deutlichsten spürbar wird, einen Priem in den Mund, ein Zeichen des Kontrastes, des völligen Alleinseins der Antigone. Eine letzte mögliche Zuflucht sieht sie dann noch in der Liebe zu Hämon. Sie will einen Brief schreiben. Der Wächter in seiner Angst vor Bestrafung gestattet aber nur nach Belohnung (ein goldener Ring) das Diktat eines Briefes, das er in seiner Schrift aufnimmt. Aber ihre Angst, ihre Unsicherheit, die sie plötzlich überkommt („Ich weiß nicht mehr, wofür ich sterbe. Ich habe Angst"), diesem gefühllosen Übermittler anvertrauen, der es noch Wort für Wort beim Schreiben wiederholt, widerstrebt ihr („Nein, streich das aus. Das braucht niemand zu wissen. Das wäre, als sähe man mich nackt, wenn ich tot bin."). Sie ändert den Brief: „Verzeih, Liebster. Ohne die kleine Antigone wärt ihr alle glücklicher gewesen. Ich liebe dich..." Dieser Brief wird seinen Empfänger nicht erreichen, denn auf die Frage, an wen der Brief gerichtet sei, gibt Antigone keine Antwort mehr, da die beiden anderen Wächter erscheinen und sie abführen.

15. Sprecher – Bote – Kreon – Page (61–64)

Der Sprecher arrangiert die Berichte über das weitere Geschehen. Zunächst berichtet ein Bote vom Tod Hämons, der sich in dem Verlies an der Seite Antigones, die sich an ihrem Gürtel erhängt hat, ersticht. Seinem Vater, der das Verlies hat öffnen lassen, als er die Stimme seines Sohnes darin vernahm, habe er zuvor ins Gesicht gespuckt.

Der Sprecher selber teilt mit, daß Eurydike, die Königin, sich die Gurgel durchgeschnitten habe, als sie den Tod ihres Sohnes erfahren hat.

Kreon, der nun ganz allein ist, wendet sich seinem Pagen zu, wiederholt seine Überzeugung, daß man vor einer notwendigen Arbeit nicht einfach die Arme verschränken könne, sondern zupacken müsse, auch wenn alle sagen, die Arbeit sei schmutzig. („... aber wenn man sie nicht selbst tut, wer soll sie dann tun?") „Man sollte immer ein Kind bleiben können."

Der Sprecher zieht noch Schlußbilanz: „... ohne die kleine Antigone hätte jedermann seine Ruhe gehabt. ... Alles ist vorbei. Antigone ist jetzt ruhig. Nie werden wir erfahren, von welchem Fieber sie befallen war."

Nur die Wächter haben alles gut überstanden, ihnen ist alles gleich.

III. Gedanken und Probleme

1. Der Konflikt und seine Gestaltung

a. Antigones Protest: Begründung und Motivation

Das Stück beginnt mit den Erläuterungen des Sprechers, die alles Wesentliche der Handlung vorwegnehmen, die folglich jede aus dem Handlungsablauf entstehende Spannung zerstören und auch das Mitempfinden mit der Heldin dadurch entscheidend drosseln, daß das Ende als unabwendbares, jede Hoffnung ausschließendes Faktum vorangekündigt wird. Dadurch, daß die Heldin das Hoffen ablehnt und den Tod als ihre Wahl und Bestimmung akzeptiert, sind die emotionalen Beziehungen des Zuschauers zu ihr (Sympathie, Mitleid) unterbrochen. Der Zuschauer ist weitgehend desillusioniert, seine Identifikation mit der Heldin unmöglich gemacht, so daß ihm nur die kritisch distanzierte Betrachtung und Beurteilung der zu dem angekündigten Ausgang führenden Verhaltensmotivation bleibt. Mitleidende Ergriffenheit kann also kaum die vom Autor angestrebte Haltung des Publikums sein.

Der Konflikt entzündet sich wie in der Tradition des Stoffes an dem Bestattungsverbot, das Kreon zu Beginn seiner Herrschaft verkündet und gegen das Antigone im vollen Bewußtsein der Konsequenz verstößt. Kreons Versuch, den Zwischenfall zu übersehen und zu vertuschen, scheitert sogleich an der entschiedenen Haltung Antigones, die eine Wiederholung ankündigt, obwohl sie in diesem Augenblick schon zweimal das Bestattungsritual vollzogen hat. Damit sind die Positionen abgesteckt und als antagonistisch, unversöhnlich gekennzeichnet, und jeder wird seine Haltung, seine Rolle, konsequent und eigensinnig durchzusetzen bemüht sein.

Antigones Begründung, Polyneikes sei ihr Bruder und habe deswegen Anspruch auf Bestattung durch sie, welches Vergehen er sich auch habe zuschulden kommen lassen, vermag im Rahmen der Anouilhschen Konzeption den Zuschauer nicht zu überzeugen, denn erstens fehlt ihr die religiöse Bindung ihres antiken Vorbilds, und zweitens paßt zu solcher Begründung nicht die Wiederholung der Tat. Ihre vorgegebene religiöse Pflicht ist beim erstenmal erfüllt und bedarf keiner Wiederholung. Für den Zuschauer und auch für Kreon ist an dieser Stelle schon ziemlich klar, daß Polyneikes für Antigone nur ein Vorwand ist, denn darauf zielt Kreons Demaskierung seiner Gegenspielerin: „Der Hochmut des Ödipus! Ja, du bist der Hochmut des Ödipus. ... Das Menschliche, das sich um euch herum abspielt, ist euch unbehaglich. Ihr wollt immer gleich dem Schicksal oder dem Tod gegenüberstehen.“ (36) In dieser Richtung bohrt er auch weiter: „Glaubst du denn wirklich an das Märchen von der irrenden Seele deines Bruders, wenn der Priester nicht ein paar Hände voll Erde auf seine Leiche wirft und einige Worte dazu leiert?“ (38) – Nein, sie gibt zu, daß all das, was Kreon scheinheiliges Getue, hohles Gewäsch beim Bestattungszeremoniell nennt, auch von ihr so gesehen wird. Sie gibt zu, daß dieses Ritual und folglich ihre Tat „verrückt“ (im französischen Original heißt es an dieser Stelle „absurde“) sind. Damit hat sie die auf den Bruder bezogene religiöse Begründung ihrer Tat widerrufen. Warum dann aber diese Tat, fragt Kreon weiter. „Für die anderen, die daran glauben? Um sie gegen mich aufzubringen?“ Aber auch diese auf eine politische Revolte zielende Begründung weist sie zurück. Sie antwortet: „Für niemand. Für mich.“ (38) Sie ist also keiner irdischen oder überirdischen Macht verpflichtet, sondern handelt aus sich und nur für sich. Sie ist im Sinne Sartres frei von jeglicher, ihr Handeln bestimmenden Instanz.

Als Kreon schließlich das wahre Gesicht ihrer Brüder enthüllt, ist auch die moralische Begründung der Bruderliebe gegenstandslos geworden. Bisher glaubte sie wenigstens an die Ehrlichkeit familiärer Bande. Jetzt ist dieser Glaube erschüttert. Hier wird ihr das vielleicht nur so dahingesprochene „Für niemand“ als wirklich zutreffend bewußt. Sie erkennt, daß ihre Tat sich nicht rechtfertigen läßt durch eine moralisch oder religiös begründete Notwendigkeit, daß sie auf niemanden bezogen ist und folglich als sinnlos erscheinen muß. Sie ist durch die Argumentation Kreons getroffen.

Erst in der folgenden, allzu siegessicheren Darstellung seiner Lebensauffassung erweckt Kreon in Antigone das Bewußtsein der eigentlichen Begründung ihres Protestes: Durch ihre Tat hat sie nein sagen wollen zum Leben. Die Bestattung des Polyneikes ist damit deutlich als Vorwand herausgestellt, als Mittel der Absage an das Leben, als „indirekter Selbstmord“, wie Gignoux sagt.

Antigone hat nein gesagt zum Leben. Welches sind ihre Motive?

„Antigone ist in keinem Augenblick durch ihre Vergangenheit bestimmt. Besser gesagt, wir können davon ausgehen, daß ihre Vergangenheit nicht zählt. ... Sie unterwirft sich zweifellos dem Zwang einer inneren Logik, die sie Schritt für Schritt zum Tode führt, aber diese Logik erscheint niemals als die Folge einer vergangenen Erfahrung... Antigone ist unbelastet, sie ist unschuldig, sie hat sich, wie es scheint, nichts vorzuwerfen, und dennoch wird sie leiden, wird sie sterben wie eine Schuldige: Ihr so gekennzeichneter Fall stellt den typisch tragischen Fall dar: das Unglück..., für das das Opfer nicht verantwortlich ist und das folglich das moralische Urteil irreführt. Aber das gibt, ich gebe es zu, nur einen übereilten, gewagten Eindruck wieder, der durch den Titel beeinflußt ist. Es bleibt festzustellen, ob der Inhalt des Werkes wirklich seinem Titel entspricht.“ (Gignoux, S. 93f.)[1]

Gehen wir den Motiven ihrer Absage an das Leben weiter nach. Im Prolog heißt es: „Sie heißt Antigone und muß ihre Rolle durchhalten bis zum Ende.“ Da ihr Name vorher schon genannt ist und hier in Verbindung mit ihrem Schicksal wiederholt wird, entsteht die Vermutung, daß ihr Schicksal ihr als eine Art Prädestination mit der Namengebung zuteil wurde. Der Sprecher scheint die

[1] Gignoux' Buch ist nicht ins Deutsche übersetzt. Die Übersetzung der folgenden Zitate stammt von dem Verfasser dieses Heftes.

Vermutung zu bestätigen, wenn er sagt: „Wenn da einer jemanden umbringt und ein anderer umgebracht wird, so ist das lediglich eine Frage der Rollenverteilung." Auch Antigone begründet der Schwester gegenüber ihren Tod mit dem Hinweis, so seien die Rollen verteilt.

Gignoux gibt sich mit dieser Vermutung nicht zufrieden. Er fragt weiter:

„Durch wen sind die Rollen verteilt? Es hat nicht den Anschein, als seien sie im vorliegenden Fall durch eine Gottheit verteilt, die wir ernst nehmen könnten. Wenn es so wäre, hätten wir es mit einer Tragödie des griechischen oder jüdisch-christlichen Genres zu tun. ... Da folglich übernatürliche Mächte nicht beteiligt oder gar nicht vorhanden sind und man diese Verteilung jemandem zur Last legen muß, ist es wohl erlaubt, den Autor selbst dafür verantwortlich zu machen und sich dann zu fragen, ob die Fatalität, die er auf seinen Personen hat lasten lassen, nicht nur die Wirkung der literarischen Empfehlungen ist, mit denen er sic umgibt. Ich fürchte in der Tat, daß er zugleich eine allzu bestätigende wie allzu unpräzise Haltung eingenommen hat, so daß schließlich sein Werk ebenso weit von der religiösen Tragik entfernt steht, da die Götter daran nicht teilhaben, wie von der atheistischen Tragik, die auf der Ausübung der absoluten Freiheit beruht, ..."
Was dann aus dieser unklaren Handlung des Autors geworden ist, sei „weder Sophokles noch Claudel noch Camus noch Sartre noch Tragödie vielleicht." (S. 94f.)

Statt um eine indiskutable Prädestination, so fährt Gignoux fort,

„handelt es sich hier um Vorhersagen, die die Heldin nach der Neigung ihrer besonderen Wesensart anstellt, und zwar über die Möglichkeiten, die das Leben für sie bereithält. Antigone erinnert sich nicht, sie sieht voraus. ... Sie wartet nicht, bis die Verzweiflung aus der Erfahrung entsteht, sie ist zuvorgekommen, sie ist a priori verzweifelt. Es genügt ihr, bedroht zu sein, um sich getroffen zu fühlen.

Aber dieser überlegte Pessimismus verdient Beachtung. Wenn er sich auf die Mythen der Fatalität, der Sünde des Menschen, des unbegreifbaren und unübertragbaren Fehlers bezieht, ist er tragisch. Wenn er sich dagegen auf die psychologische Disposition der Heldin stützt, wenn er einen gewissen Aspekt ihrer Natur ausdrückt, so ist er es nicht, denn wir bedienen uns wieder der moralischen Beurteilung und stellen fest, daß das Opfer nicht vollkommen unschuldig ist.

Wir beginnen uns zu fragen, ob es unrecht oder recht hat. Von da an entschwindet das Tragische unter unseren Händen." (S. 95f.)

b. Das Thema der pureté

Klarheit über die Begründung ihres Protestes gewinnt Antigone im wesentlichen durch ihren Gegenspieler. Kreons Darstellung dessen, was Leben und Glück ist oder was er darunter versteht und ihr empfehlen will, öffnet ihr die Augen über die eigentlichen Motive ihres Protestes. Sie weist kompromißlos all das zurück, was die Menschen hinter Begriffen wie Erfahrung, Weisheit, Verstehen, Einsicht, Gewohnheit verstehen, weil sich hinter diesen Begriffen die Bedingtheit, die Unwahrhaftigkeit des Lebens, die Lüge verbirgt. Sie will nicht relatives Glück, sondern absolutes, uneingeschränktes. Sie will alles oder nichts, ihr geht es um die Bewahrung der pureté ihrer Kindheit, die sie schroff und kompromißlos gegen das Erwachsen-Sein absetzt. Das Thema der Reinheit (pureté), der Kindheit (enfance) durchzieht leitmotivisch das ganze Stück. Ihr Verhalten zeigt deutlich den Akzent kindlicher Verhaltensweisen. Sie erscheint nicht nur unerbittlich, sondern starrköpfig, nicht nur eigenwillig, sondern eigensinnig. Sie nennt sich selber „die kleine Antigone“ und wird auch vom Sprecher so genannt. Sie ist nicht „ganz klein“, weil sie noch im Kindesalter steht (sie ist immerhin 20 Jahre alt und damit physisch erwachsen), sondern weil sie sich fest mit der Welt des Kindes verbunden sieht und diese Welt auch nicht verlassen will. Diese Welt des Kindes ist immer wieder präsent. In der Szene mit der Amme sucht sie Zuflucht in ihrer Kindheit, die in der Gestalt der Amme erscheint. Sie nennt die Amme wie früher Nounou (eine Koseform von nourrice). Als Kind sieht sie sich besonders auch im Augenblick ihres Protestes: „Ich bin noch ein wenig zu klein für alles.“ (18) Bei der Bestattung verwendet sie eine kleine Kinderschaufel, die „ganz alt“, „ganz verrostet“ ist, eine Schaufel, mit der sie früher am Strand Sandburgen gebaut hat. Und schließlich ist die Welt des Kindes noch direkt repräsentiert im Stück durch die Anwesenheit des Pagen, der als ständiger Begleiter dessen erscheint, der sich als Vertreter der Gegenseite, der Welt der Erwachsenen herausstellt.

Hierzu Canaris und Gignoux:

„Das ist der Kern der Anouilhschen Version der ‚Antigone‘: Das Nein des Unbedingten zum Relativen, der Wahrhaftigkeit zur Lüge, oder, um mit den Metaphern des Stückes zu reden, des Kindes zum Erwachsensein (Antigone verkörpert als *Jungfrau* geradezu diesen Konflikt des Noch-nicht-Erwachsenseins). Das Ausweglose der Situation liegt darin, daß das Kind unweigerlich auf dieses Erwachsensein zulebt, daß seine Reinheit unweigerlich vergeht, sobald das *Leben* beginnt. Einen Ausweg gibt es nicht: Antigone wählt den Tod, weil sie damit ihre Kindheit nicht aufzugeben braucht: indem sie sterbend ihre Kindheit zu ihrem Leben macht, bestätigt ihr der Tod die Lebendigkeit ihrer Unschuld.

Antigone bewahrt im Tod ihr Selbst. Ihr ‚ich bin nicht da, zu verstehen. Ich muß nein sagen und sterben‘ bezeichnet ... ihre Rolle, der sie nicht entgehen kann – und die sie, eben weil sie an das essentiell Vergängliche, an das Kindliche gebunden ist, nur im Tod erfüllen kann. Die Tragödie dieser Antigone ist keine politische oder religiöse, sondern eine menschlich-private (deshalb ist die Privatisierung des Stoffes durch Anouilh mehr als modischer Putz).

Die Tragödie des Idealisten in der Welt erscheint ohne die Bemühung des Transzendenten in dem trotzigen Nein eines Mädchens zum Leben. Die Geschlossenheit von poetischem Bild (das Kindliche) und philosophischer Idee (das Reine), in der der Konflikt (das Vergehenmüssen, das mit dem Leben zusammenfällt und deshalb nur im Tod überwunden werden kann) aufgehoben ist – dieser stupende Einfall macht Anouilhs Antigone zu einer so betreffenden Gestalt.“ (Canaris, S. 49f.)

„Ich kann mir kaum vorstellen, daß der Protest Antigones ein Zweck an sich sein kann, er ist selber nur ein Mittel, er rechtfertigt sich nur in der Verwirklichung eines Planes, er verlangt überschritten zu werden. Was im Falle unserer Heldin bedenklich ist, ist die Tatsache, daß ihr Ideal, wenn ich so sagen kann, hinter ihr liegt; sie wendet eigensinnig ihren Blick auf ihre Kindheit zurück. Sie ist Gefangene eines Bedauerns. Ich weiß, daß das eine Treue, einen Glauben voraussetzt. Aber darin besteht gerade das Paradoxe der Antigone: Sie bietet das Beispiel eines eigentümlichen Glaubens, den weder Hoffnung noch Nächstenliebe begleiten, eines dürren Glaubens. Sie schafft sich ein sehr ehrgeiziges

Bild vom menschlichen Sein und unternimmt doch nichts, den Menschen zu helfen, daß sie sich im wirklichen Leben danach richten. Sie liebt allzu sehr ihren Traum und nicht genug das Menschengeschlecht. Sie zieht sich zurück in die Schlupfwinkel ihrer Verzweiflung und verteidigt eifersüchtig das Geheimnis ihres unnützen Kultes; sie hat nur eine Sorge: nein sagen können zu allem, was sie nicht mag, allein Richter zu sein.

Man sieht, daß ihr im Grunde kein Begriff fremder ist als der der allgemeinen und objektiven Wahrheit. Oder vielmehr verwechselt sie Aufrichtigkeit und Wahrheit (eine dem zeitgenössischen Denken vertraute Verwechslung). Das heißt, daß sie keine anderen Gesetze anerkennt außer jenen, die sie sich selber diktiert. ... Kreon und Antigone, sie sind beide nur repräsentativ für sich selber.“ (Gignoux, S. 112f.)

c. Todeswahl – Lebenswille

Antigone wählt also den Tod, weil es einen Kompromiß in dieser Konstellation des Gegensatzes nicht gibt, nicht geben kann. Ihr Tod, das sei noch einmal betont, erscheint ohne transzendenten Bezug, er erscheint vielmehr als notwendige Konsequenz ihres Lebenswillens. Es ist schon gesagt worden, daß Leben für sie die Erhaltung der kindlichen Unbedingtheit bedeutet. Es sei hinzugefügt, daß Leben für sie auch heißt: Genuß des unmittelbaren Kontakts mit der Natur, mit den Pflanzen und Tieren.

„Wer stand morgens als erste auf, um die kühle Luft auf der nackten Haut zu fühlen? Wer legte sich erschöpft vor Müdigkeit als letzte schlafen, um die Nacht noch zu erleben? Wer weinte schon als kleines Kind, weil es soviel Tiere und Gräser und Blumen auf der Wiese gab, die man nicht alle mitnehmen konnte?“ (16)

Sie sagt zumindest, daß sie das Leben liebt, und wir müssen es ihr glauben. – Können wir das? – Wir haben gesehen, daß das, was sie Leben nennt, im Grunde eine idealistische Fiktion ist, in die sie dieses Stück Naturschwärmerei transponiert. Es fällt schwer, einem Menschen, der den Tod wählt, weil das Leben seine Forderung „alles oder nichts“ nicht erfüllen kann, eine noch so emphatisch geäußerte Liebe zur Natur, zum Leben, wirklich zu glauben.

Das gleiche gilt auch für die Liebe. Antigones Liebesbegriff ist fiktiv, und nur in dieser Fiktion mag sie Hämon lieben. Eine überzeugende Darstellung ihrer Liebe zu Hämon gelingt ihr nicht, kann ihr nicht gelingen.

„Und mit Hämon hat Antigone eine Liebesszene, in der sich, wie so oft bei Anouilh, die ungestüme Kraft der Liebe darin äußert, daß sie sich nicht verwirklichen kann: Antigone sagt Hämon, daß sie am Abend zuvor seine Geliebte werden wollte, dann aber aus einem kleinen Streit davonlief; sie sagt ihm, daß sie ihn liebt – und ihn dennoch nie heiraten wird; daß sie davon träumt, mit ihm einen kleinen Sohn zu haben – und daß dieser Sohn nie geboren werden wird. Und sie beschwört ihn: ‚Geh bitte, Hämon, das ist das einzige, was du für mich tun kannst, wenn du mich liebhast.‘ Hämon ‚gehorcht vor Verzweiflung‘ und sie sagt ‚seltsam beruhigt: So, Hämon hat es hinter sich.‘“ (Canaris, S. 46.)

Ist nicht diese moderne Abwandlung des antiken Vorbilds (in der „Antigone“ des Sophokles gibt es keine Szene zwischen Hämon und Antigone) eher peinlich als überzeugend, weil sie wie das naturschwärmerische Bekenntnis zum

Leben allzu deutlich auf den Effekt zielt: Antigones Bindung an das Leben soll ihren Verzicht in seiner Wirkung auf die Zuschauer emotional aufladen. Das ist die wesentliche Funktion dieser Szene.

Und weiter fragt sich der kritische Zuschauer (und den schafft sich ja die desillusionierende Dramaturgie dieses Stückes, nicht den sich identifizierenden): Ist denn die Behauptung überzeugend, daß der Mensch notwendigerweise in Lüge und Heuchelei entartet, wenn er vom Zustand des Kindes in den des Erwachsenen fortschreitet? Woher nimmt Antigone diese Gewißheit? – Aus ihrer Erfahrung? – Nein. Aus der Beobachtung der sie umgebenden Wirklichkeit? – Vielleicht. Nur woher nimmt sie die Gewißheit, daß es keine Hoffnung gibt, daß diese Welt sich ändert? Ihr Hinweis auf ihre Herkunft beweist gar nichts:

„*Antigone:* Ich will die Gewißheit haben, daß es so schön wird, wie meine Kindheit war – oder ich will lieber sterben.

Kreon: Komm, fang nur so an wie dein Vater!

Antigone: Ja ... wie mein Vater! Wir gehören zu den Menschen, die jeder Frage auf den Grund gehen, bis kein Fünkchen falscher Hoffnung mehr bleibt. Wir treten die Hoffnung mit Füßen, wo immer sie auch auftaucht, eure niedrige, weibische Hoffnung...

Kreon: Sei still! Du solltest sehen, wie häßlich du bist, wenn du so schreist.

Antigone: Ja – ich bin häßlich. ... Mein Vater wurde auch dann erst schön, als er gewiß war, daß er seinen Vater getötet hatte und es wirklich seine Mutter war, bei der er die Nacht verbracht hatte – und als er wußte, daß ihn nichts mehr retten konnte. Da beruhigten sich seine unsteten Züge, sie bekamen ein leichtes Lächeln – er wurde schön. Hab Geduld, Kreon! Sie sind zäh, deine niedrigen Hoffnungen, aber sie werden dir zu nichts nützen. Ich brauche euch alle nur anzusehen mit euren armseligen Köpfen – ihr Glückskandidaten! Ihr seid häßlich, selbst die Schönsten unter euch! Ihr habt alle etwas Gemeines in den Augen und um die Mundwinkel – und Köpfe wie die feisten Köche.“ (51)

Das mag wirkungsvoll klingen und ähnlich idealistisch-illusionär gestimmte Geister zu spontanem Beifall animieren – aber stimmt der Vergleich? Ist es Antigone angemessen, sich ihrem Vater gleichzusetzen? – In der Tat ist Ödipus einer Frage auf den Grund gegangen und hat sich dabei nur von dem unbedingten Wissenwollen leiten lassen, ohne den Anfechtungen einer „falschen Hoffnung“ nachzugeben. Aber welcher Frage ist Antigone forschend auf den Grund gegangen? Für Ödipus geht es um die Wahrheit seiner Existenz, die er zu erforschen unternimmt. Die Hoffnung, diese Wahrheit nicht zu finden und weiterhin das bequeme Leben des Scheins zu führen, – diese falsche Hoffnung tritt Ödipus in der Tat mit Füßen. Mit Antigone stellt Anouilh jedoch an die Stelle des bedingungslos forschenden Menschen den ideologischen Menschen, der mit allerlei demagogischen Tricks unkritische Gemüter einzulullen bzw. durch den Schwung des fanatischen Pathos mitzureißen versucht. Antigone entschließt sich nicht zu sterben, weil sie die Gewißheit erhalten hat, daß das Leben nicht so schön wird wie ihre Kindheit war, sondern weil sie diese Gewißheit *nicht* bekommen hat. „Ich will die Gewißheit haben, daß es so schön wird, wie meine Kindheit war – oder ich will lieber sterben.“ (51)

In einem Punkt allerdings scheint der Vergleich zu stimmen. Ödipus sei erst dann schön geworden, „als er gewiß war, daß er seinen Vater getötet hatte..." Liegt eine vergleichbare Gewißheit Antigones in diesem Augenblick nicht auch vor? – Die Gewißheit, die sie in diesem Augenblick gewonnen hat, bezieht sich auf die Begründung ihres Protestes. Nachdem Kreon ihre zunächst geäußerten Begründungen widerlegt hat, gewinnt sie in diesem Augenblick ihre Sicherheit wieder, indem sie den Anspruch auf Unbedingtheit als Kern ihres Protestes erkennt. In der Notwendigkeit des Sterbens will sie endlich Gewißheit haben und nicht durch Hoffnungen beunruhigt werden. Sie möchte schnell von ihrer Angst befreit werden.

d. Kreon – realistisch-humaner Politiker oder Diktator?

Eine Rechtfertigung Antigones scheint nur möglich, wenn man Kreon richtig sieht. Kreon human-realistisch nennen heißt Antigone in Bausch und Bogen verurteilen müssen. In der Tat sind die Beurteilungen der beiden Personen in der Literatur sehr widersprüchlich.

Zur Beurteilung des Gegenspielers der Antigone sagt Canaris:

> „Kreon sind von Anouilh die eindeutig besseren politischen Argumente gegeben: er ist nicht nur kein Tyrann, sondern ein realistisch-humaner Politiker, er weiß um die Fragwürdigkeit seines Handelns: ‚Mach dich nur lustig! Trotzdem werde ich weiter an eurem Glück arbeiten, selbst wenn ihr es nicht wollt. Es ist schwer, und manchmal erscheint es euch gemein. Und wie oft stürzt alles wieder zusammen – dann heißt es von neuem beginnen. Und kein Mensch hilft dabei. Doch ich werde euer Glück schaffen, trotz eures Hasses – ich werde es.'" (S. 47.)
>
> „Kreon hat recht – wo immer es um politische, moralische, menschliche, religiöse Argumentation geht." (S. 48.)
>
> „Daß Kreons Kompromißbereitschaft als ausgesprochen human begründet erscheint, wurde gesagt – ja, Anouilh benutzt die Figur des Kreon, um die Haltung Antigones mit einem Fragezeichen zu versehen, sie sogar in die Nähe des Inhumanen zu rücken: ..." (S. 50.)

Kreon als realistisch-humaner Politiker, der für das Glück der Menschen selbstlos wirkt. – Ist so wirklich dieser Kreon? – Das klänge noch ganz überzeugend, wenn da nur ein kleiner Nebensatz fehlte, nämlich: „selbst wenn ihr es nicht wollt". Was Glück ist und zu welchem Glück er den Menschen verhilft, das also entscheidet er. Da also die Menschen offenbar in Kreons Sicht zu töricht sind, um zu wissen, was Glück ist, muß er sie zu ihrem Glück zwingen. Stimmt es wirklich, daß er „nicht nur kein Tyrann, sondern ein realistisch-humaner Politiker" ist? Ist diese autoritäre Bevormundung nicht die moderne Form der Tyrannis? Oder noch deutlicher: Die uneinsichtige Masse zu ihrem Glück zu zwingen – das ist doch ein vorgegebenes Ziel aller modernen Diktaturen. Ist man in Deutschland Ende der sechziger Jahre inmitten der antiautoritären Woge weniger skeptisch gegen schwach kaschierte diktatorische Praktiken als in Frankreich Mitte der vierziger Jahre? Gignoux gibt wenigstens in seinem 1946 erschienenen Buch eine andere Akzentuierung der Gestalt des Kreon:

„Vor dem Tod des Ödipus führte er als Fürst ein Leben des Müßiggangs, war Freund der schönen Künste, ‚liebte Musik, schöne Einbände und lange Streifzüge durch die Antiquariate von Theben'. Edle Vergnügungen. Aber eines Tages starb der König; sollte er als Nachfolger den leeren Thron einnehmen? Ja. Kreon hat ‚seine Ärmel aufgekrempelt' und er hat ja gesagt. Der Gedanke abzulehnen ist ihm auch gekommen, aber dann wäre er sich ‚vorgekommen wie ein Arbeiter, der sich weigert, sein Tagewerk zu verrichten'. Er hat sich nicht das Recht zuerkannt, sich diesem Geschäft zu entziehen. Und jetzt regiert er, er läßt Ordnung in Theben herrschen, er lenkt das Schiff, dessen Ruder er in einem Sturm ergriffen hat, ‚ohne lange zu überlegen, wie man es am raffiniertesten anstellt'. Was für ihn zählt, ist das Ergebnis, seine Moral basiert auf der Wirksamkeit. Er bedient sich selbst trügerischer Werte, um in den Augen des Volkes seine Entscheidungen zu stützen. Die Identität des Leichnams, den er unbestattet liegenließ, beschäftigt ihn wenig: ... Das Wesentliche war, daß für jeden seiner Untergebenen klarwerden sollte, daß der eine ein Gerechter und der andere ein Verbrecher war, daß der eine geehrt, der andere bestraft werden mußte. Kurz, er stellt die Ordnung vor die Wahrheit. Übrigens meint er, daß die Ordnung, der er dient, die natürliche Ordnung ist. Der Protest Antigones bestürzt ihn aufrichtig. Dem menschlichen Wesen, das kritisch denkt, diskutiert und sich auflehnt, stellt er den Baum gegenüber, der nicht daran denkt, ‚nein zu sagen zu dem Saft, der in ihm aufsteigt', und das Tier, das ‚gut, einfach und beständig' ist und unerschrocken treu den Interessen der Gattung ergeben. Und was ihn anbetrifft, so gibt er das Beispiel; er hat sich eine Weisheit zurechtgeschneidert aus maßvoller Beschränkung und bescheidenen, ruhigen Vergnügungen. ... Es ist der Konflikt zwischen Ordnung und Wahrheit, oder wenn man so will, zwischen dem Geist des Gehorsams und des kritischen Prüfens. Ein ewiges Thema. Kreon ist der Regierende, der damit beschäftigt ist, zu bewahren, indem er ordnet; Antigone, die Anarchistin, die auf der Suche ist nach der einzigen und entlegenen Reinheit.

... Nach Kreons Doktrin kommt zunächst die Ordnung. Die Äußerungen des Königs von Theben sind durch Gleichgültigkeit und Verachtung gekennzeichnet, sie enthüllen einen tiefverwurzelten Egoismus. ‚Aber diese Dickköpfe, die ich jetzt regieren soll, müssen zu einer besseren Einsicht gebracht werden. Und deswegen muß es in der ganzen Stadt einen Monat lang nach Polyneikes stinken.' ... Er weiß, daß sein Befehl dumm ist und daß er auf einer Lüge beruht, aber was macht das! Das ist gut genug für die ‚Dickköpfe', die Hauptsache ist, daß die Untergebenen gehorchen und sich ruhig verhalten, daß sie das Warum der Belohnung und Bestrafung richtig verstehen, damit das klar ist und sie sich keine Fragen stellen. Das Ziel rechtfertigt die Mittel." (S. 107–109.)

Gewisse fortschrittliche Zielsetzungen mögen schon mal gewisse unpopuläre Maßnahmen vorübergehend rechtfertigen, meint Gignoux dann weiter. Aber in Kreons Werk kann er nichts Fortschrittliches, sondern nur Bewahrung des Alten erkennen. Nicht das Individuum interessiere Kreon, sondern nur die Masse. Die Masse ist etwas Namenloses, „man brüllt einen Befehl und schießt blindlings in die Masse auf den erstbesten, der hervortritt". (43) „Nur das Schiff und der Sturm haben Namen." (44) Er führt nicht die Menschen, wie er selber von sich sagt, sondern er dirigiert und manipuliert sie nach bewährter Demagogenmanier. Er ist der „Koch", in dessen Geist („Küche") die Rezepte entstehen, nach denen die Masse zur ihrem Glück gezwungen werden soll. Die Menschenverachtung moderner Diktatoren ist diesem König Thebens durchaus eigen. Das erkennt Gignoux sehr richtig, wenngleich er auch diese Beurteilung nicht ganz konsequent durchhält:

„In Wirklichkeit denkt er nur an sich selber und an einen sehr kleinen Menschenkreis. Er ist Aristokrat und Skeptiker. Er ist vor Antigone wie Philinte vor Alceste, er ist der wahre Menschenfeind, er ist der Pessimist, der Verächter, ihm fehlt es vor allem an Glauben. Alles weist allerdings darauf hin, daß er sich verurteilt und daß er kein reines Gewissen hat. Er schämt sich im Geheimen der Argumente, zu denen er sich hat hinreißen lassen. Und ich sehe ein Geständnis, den Ansatz einer Entschuldigung in der vertraulichen Mitteilung an seinen Pagen am Ende des Stückes: ‚Alle sagen zwar, es sei eine schmutzige Arbeit – aber wenn man sie nicht selber tut, wer soll sie dann tun?‘ In dem Augenblick rührt er uns, das gebe ich zu, und noch mehr, als er hinzufügt: ‚Man sollte immer ein Kind bleiben können.‘ Wir wissen, daß er seine Aufgabe fortsetzen wird, und wir geben zu, daß sein stolzer Starrsinn nicht ohne Adel ist.“ (S. 111.)

An dieser Stelle wird man Gignoux wohl widersprechen müssen. Ist es wirklich so, daß uns ein Diktator vom Schlage Kreons rührt, weil er am Ende als Gescheiterter erkennt, daß man eine schmutzige Arbeit schon selber anpacken müsse, wenn sie getan werden soll? Die doch zugegebene, weil nicht widerlegte Tatsache, daß es sich eben um eine „schmutzige“ Arbeit (im Sinne von moralisch verwerflich) handelt, hätte doch mindestens eine Distanzierung Kreons von dieser Arbeit erforderlich gemacht, wenn unser Mitgefühl angesprochen werden sollte. Statt dessen lamentiert er, man sollte wünschen, nie erwachsen zu werden. Warum eigentlich? Wohl um solche schmutzige Arbeit nicht tun zu müssen. Allerdings liegt kein Zwang vor, sie zu tun. Das gibt Antigone ihm auch zu verstehen. Die Arbeit wäre ungetan geblieben, wenn Kreon sie nicht in freier Entscheidung übernommen hätte. Und daß sie unter seinen Händen zu einer „schmutzigen“ geworden ist, erscheint nicht als unausweichliche Notwendigkeit, die mit dem Erwachsensein untrennbar verbunden ist, sondern als Folge der Tatsache, daß zufällig ein Mensch von der besonderen Wesensart Kreons die Arbeit übernommen hat.

Es ist schon gesagt worden, daß Antigones Doktrin, der Zustand des Erwachsenseins sei notwendigerweise mit Unwahrhaftigkeit verbunden, nicht überzeugend ist, weil er der besonderen individuellen psychischen Disposition Antigones entspringt, ihre Verzweiflung a priori ist und deswegen keineswegs übertragbar und verallgemeinerungsfähig erscheint. Diese Beurteilung findet eine Bestätigung in der Analyse der Gestalt des Kreon, die sehr deutlich gemacht hat, daß das Leben der Erwachsenen nicht einem sachlichen Zwang in die Unwahrhaftigkeit folgt, sondern entscheidend von der zufälligen Individualität Kreons abhängt.

Hier noch einige andere Stimmen zur Beurteilung Kreons.

Franz Norbert Mennemeier:

„Kreon, der Repräsentant des Lebens, tritt im Drama keineswegs als grausamer Diktator auf. Er ist ein desillusionierter, ein wenig müder Mann, der auf seine Art, mit Hilfe seines politischen ‚Handwerks' versucht, ‚die Ordnung dieser Welt etwas weniger sinnlos zu gestalten'. Die kleine ... Antigone ihrerseits ... widerspricht der Stimme des vernünftigen, gesetzten Lebensopportunismus Kreons nicht um irgendeines göttlichen oder auch nur menschlichen Gesetzes willen, wie es die Antigone des Sophokles tut. Anouilhs Antigone protestiert vielmehr im Namen eines Traums vom Dasein gegen die Wirklichkeit dieses Daseins." (S. 252/253.)

Pol Vandromme:

„Da der Stoff der Tragödie gegeben war und Antigone nichts anderes sein konnte als ein Mensch, der aufbegehrt und seinen Widerstand bis zum Äußersten treibt, hing alles von Kreon ab. Man konnte sich die unterschiedlichsten Gestalten des Kreon denken. Von allen wählte Anouilh die beste. Wir sehen auf der Bühne den nachsichtigsten und menschlichsten Kreon – im Blick auf das, was er sein *muß*, damit die Tragödie einen Sinn behält, damit Antigones Auflehnung noch gerechtfertigt ist. Kreon ist hier an der Grenze dessen, was er sein *kann*. Jenseits dieser Grenze gäbe es kein Stück mehr." (S. 85.)

„Kreon ist nicht machthungrig. Die Macht ist etwas Unwürdiges, das ihn niederdrückt. Die Klugheit, die Notwendigkeit – das sind die Richtlinien seines weisen Verhaltens, mit dem er die Menschen, soweit es ihm möglich ist, vor ihrer Torheit zu bewahren sucht. Im Inneren seines Wesens findet sich Mitleid und Mitgefühl, die Vorahnung von der Nichtigkeit aller Dinge, vom selbstmörderischen Geist der menschlichen Kreatur. ... Das erste ungeschriebene Gesetz – das einzige, das vor dem Untergang bewahrt werden muß – ist nicht, die Toten zu beerdigen, sondern den Lebenden, die die Liebe zum Leben verloren haben (oder sie ehrgeizigen, eitlen Träumen opfern wollen), diese Liebe wiederzugeben. Kreon tritt leidenschaftlich dafür ein, daß das Leben weitergeht." (S. 88–89.)

An einer anderen Stelle spielt Vandromme auf Gignoux an, weist dessen „Etikettierung" zurück und verfällt sogleich demselben Fehler:

„Anouilhs ‚Antigone' wurde einmal interpretiert als ein ‚Konflikt zwischen der Ordnung und der Wahrheit, zwischen dem Geist des Gehorsams und dem kritischen Geist'. Diese neunmalklugen Schriftgelehrten können wohl nie in ihren Vorträgen mit der Etikettierung der Literatur aufhören. Kreon verkörpert nicht die Ordnung, sondern das Glück (und den Stolz des Lebens). Antigone verkörpert nicht die Wahrheit, sondern das Unglück (und den Stolz des Todes). Der Streit, den sie miteinander austragen, hat nichts mit einer akademischen Kontroverse zu tun. Es ist kein Gewissensstreit, sondern ein Ringen der Sensibilität, jenseits der Rhetorik, in aller Freimütigkeit. Anouilh hält Zwiesprache mit sich selbst. Der nun Zweiunddreißigjährige denkt an sein zwanzigstes Lebensjahr zurück und fühlt, daß es nun Zeit sei, sich mit dem jungen Mann, der er einmal war, zu konfrontieren. In seinem Schauspiel ‚Antigone' erfolgt diese Gegenüberstellung. Es wird nicht Sophokles' ‚Antigone' auf unsere Zeit bezogen, sondern der Anouilh des Jahres 1942 vergleicht sich mit dem Anouilh des Jahres 1932. ‚Antigone' ist ‚Die Wilde' zehn Jahre später." (S. 90.)

„Die Sprache Kreons bringt die ‚Gefühlsklugheit' zum Ausdruck. Sie berührt uns so tief, trifft uns mitten ins Herz, weil wir ahnen, daß sie nicht das Gegenteil der Sprache Antigones, sondern ihre Fortsetzung in einem alltäglichen Ton ist. Kreon ist ganz erfüllt von Erinnerungen der Antigone, in ihrem Alter hätte er genauso gefühlt wie sie; und Antigone spürt in ihrem Innersten, daß im Leben Kreons sich ihre Zukunft verkörpert und daß diese Zukunft nur in dem Maße sinnlos ist, wie es das Leben überhaupt ist. Was das

Absolute betrifft, so hat Antigone recht; unrecht hat sie gegenüber der Wirklichkeit. Denn wenn sie schon das Leben akzeptiert, dann muß sie auch ihre Zukunft, Kreon, akzeptieren. ... Der Streit zwischen Kreon und Antigone ist der Streit zwischen den Generationen, aber – und das zum erstenmal im Werk Anouilhs – ein Streit zwischen Menschen gleichen Wertes. Hier die stolze Haltung Antigones, dort der innere Adel Kreons. Nur ihr Alter ist nicht dasselbe: sie verkörpert die Frische der Jugend, ihn hat das Leben geprägt – und daher können sie sich nicht verstehen." (S. 91.)

Kernszene des ganzen Stückes ist das Gespräch zwischen Antigone und Kreon. Kernstück der Interpretation muß die Analyse der Gestalt des Kreon sein, denn von der Beurteilung dieser Person unmittelbar abhängig sind die so widersprüchlichen Deutungen des Stückes, sind die von der Kritik immer wieder gestellten Fragen: Handelt es sich um eine Tragödie? Worin besteht die Tragik? Ist es eine politische oder menschlich-private Tragödie? Ist Kreon der Held oder Antigone die Heldin des Stückes? Von der Beurteilung Kreons wiederum direkt abhängig ist die Beurteilung Antigones. Wer wie Gignoux in Kreon den egoistischen Menschenverächter oder gar den Typ des modernen Diktators sieht, wird automatisch damit Antigones Protest als eine Optimismus auslösende Tat zur Befreiung vom Zwang der Bevormundung begrüßen und sie eine politische Heldin nennen. Wer dagegen wie etwa Canaris Kreon als einen realistisch-humanen Politiker sieht, muß automatisch den unsinnig erscheinenden Protest Antigones abwerten und ihn, wie Canaris es tut, „in die Nähe des Inhumanen" rücken. Das ist durchaus konsequent. Aber völlig inkonsequent, ja abwegig ist dann doch wohl die Behauptung:

„Trotzdem ist Antigone die Heldin des Stückes – weil sie ein einziges Argument ist (nicht hat), gegen das Kreon nichts ausrichten kann. Antigone ist rein und unschuldig, von kindlicher Absolutheit und Unbedingtheit in ihrem Fühlen und ihrem Handeln. Das, wogegen sie rebelliert, ist das *Leben*, ist das *Glück*. Kreon bemüht sich verzweifelt, sie zum Leben zu überreden ..." (Canaris, S. 48.)

Ebenso unverständlich ist bei Canaris ferner die Bezeichnung Tragik für die ins Inhumane gerückte Haltung Antigones:

„Die Prinzipien, zwischen denen Antigone zerbricht, erhalten ihre Wertigkeit einzig durch Antigone selbst; ihre Tragik wird also gerade dadurch verschärft, daß die Gegenposition eine objektiv durchaus vertretbare ist – daß sie aber subjektiv für Antigone, wie sie ist, nicht annehmbar ist, weil sie damit sich selbst aufgeben müßte." (S. 50.)

Demnach wäre Tragik: Eine überzeugende Sachargumentation zurückweisen, weil man sonst eine subjektive Fiktion aufgeben müßte. Das nennt man allerdings landläufig Trotzköpfigkeit, ohne darin so etwas wie Tragik zu sehen.

e. Ist Antigone eine politische Heldin?

Antigone hat den Tod gewählt. Das heißt anders formuliert, sie hat den Entschluß zum Selbstmord gefaßt. Zur Verwirklichung dieses Entschlusses wählt sie den Ungehorsam gegen ihren Onkel, ein Mittel, von dem sie weiß, daß es sicher ist, und das außerdem die Ausführung einem anderen überträgt. Das hat zweifellos einige Vorteile. Sie braucht nicht selber Hand an sich zu legen und ist damit frei von dem Makel des Tötens, der vielleicht ihre pureté hätte beflecken können. Während der selber vollzogene Selbstmord entweder unbemerkt und damit wirkungslos geblieben wäre oder sie als Märtyrerin hätte erscheinen lassen können, hat der von ihr gewählte Weg des Ungehorsams den Vorteil, daß der Entschluß zu sterben nicht als Selbstmord in das Bewußtsein der Öffentlichkeit (der Zuschauer) tritt, sondern als Mord, für den Kreon die politische und moralische Verantwortung zu tragen hat, obwohl ihm die Tat von Antigone aufgezwungen worden ist. Diese Zwangsläufigkeit, unter der Kreon hier zu stehen scheint, ist aber keine Zwangsläufigkeit, der Kreon schicksalhaft ausgesetzt ist, weil sie Gesetz des Lebens wäre, sondern sie entspringt seiner Individualität und seinen Willensakten. Antigones besondere Art der Verwirklichung ihres Entschlusses zu sterben erweist sich also als eine Taktik größter politischer Wirksamkeit. Dem Gegner – dem politischen Gegner, denn die Suche nach dem Glück ist keine rein private, sondern eine sozial-politische Angelegenheit – die Verantwortung für eine ihm aufgezwungene verwerfliche Tat zuzuschieben, ist ein bewährtes Mittel aus dem Repertoire der Lehre über Strategie und Taktik des revolutionären Kampfes. Antigone ist, daran gibt es überhaupt keinen Zweifel, die taktische Siegerin, und Kreon der Verlierer. Und wer Kreon zu rechtfertigen versucht, muß es auf sich nehmen – das geht aus der Analyse dieser Gestalt hervor – als Verteidiger reaktionär-konservativer bzw. diktatorischer Praktiken zu erscheinen. Das Stück besitzt trotz aller gegenteiliger Beteuerungen des Autors und vieler Kritiker eine starke politische Suggestivkraft. Die Wirkung dieses Stückes ist m. E. eine eminent politische, und zwar gilt das sowohl für die Zeit der Erstaufführung im besetzten Frankreich wie für uns heute.

Mit Sicherheit haben allerdings, wie Sartre sagt, jene Franzosen unrecht, die Anouilh beschuldigten, „er habe für die Faschisten Partei genommen, weil er den Kreon so liebenswürdig gezeichnet habe; tatsächlich aber sind seine Sympathien bei Antigone und ihrem Selbstmord.“ (zitiert nach Canaris, S. 47) Vielleicht hat Anouilh ihm eine gewisse Scheinsymphatie gegeben, um die Zensur nicht aufzuschrecken. Bei genauerer Analyse kann man gar nicht zu dem Urteil kommen, er sei sympathisch, liebenswürdig, schon gar nicht mit der Begründung, er habe mit seinen Argumenten meistens recht; auch Diktatoren können oft recht haben, wodurch sie noch lange nicht sympathisch oder gar human werden.

Antigone ist meiner Überzeugung nach ganz entschieden als politisch wirksame Gestalt anzusehen, auch wenn sie keine politisch überzeugende Argumente besitzt. Nicht ihre Argumentation schafft die politische Wirkung, sondern ihr taktisches Geschick gegenüber der Macht des Diktators.

Dazu andere Interpretationen:

„Antigone ist keine politische Heldin. Denn im Verlauf der Diskussion mit Kreon ist Antigone dazu gezwungen, auf politische Argumentation zu verzichten. Kreon sind von Anouilh die eindeutig besseren politischen Argumente gegeben..." (Canaris, S. 47.)

„Das Schauspiel ‚Antigone' ... ist seinerzeit fälschlich als Ausdruck einer Gesinnung politischer Resistance gedeutet worden. Das Drama lebt jedoch, im Gegensatz zu jeglicher Literatur des Engagements, aus dem zeitlosen Konflikt zwischen der erbärmlichen, zu Lügen, Ausflüchten und kleinlichen Machenschaften verdammten Welt schlechthin und einem einzelnen Menschen, der ‚nein' sagt und freiwillig in den Tod geht, weil das Leben, so wie es beschaffen ist, ihn anekelt." (Mennemeier, S. 252.)

„Anouilh versichert mit Nachdruck, daß er nicht im geringsten an den Machtkampf zwischen Vichy und dem Maquis gedacht habe. Züge Lavals in den Kreon hineinzugeheimnissen – wie viele es wollen – sei spitzfindig, und gar in der ganz unpolitischen, schwachen, kleinen Antigone den Geist der lebensstarken, mit den Waffen der Diplomatie wie der Technik kämpfenden Maquis zu suchen, sei erst recht abwegig. ‚Sozial' sei dieses Stück auch nur insoweit, als die Personen keine Privatleute, sondern Angehörige eines Herrscherhauses darstellen und ihre Handlungen notwendig eine entsprechende Wirkung auf das Staatsleben ausüben." (Trut Maren Jaquemar über ein Interview mit Anouilh in „Die Zeit" vom 4. 11. 46.)

Wenn auch eine so positivistische Auslegung des politischen Charakters des Stückes abwegig ist und vom Autor mit Recht zurückgewiesen wird, so sind doch damit andere Fakten noch nicht aus der Welt geschafft, nämlich die „leidenschaftlichen Diskussionen", die die Aufführungen in den letzten Monaten der deutschen Besetzung in Frankreich ausgelöst haben. Die Wirkung des Stückes war stark politisch akzentuiert. Das sollte als Tatsache bedacht werden.

Laubreaux (S. 20) gibt folgende Zusammenstellung der geäußerten Meinungen und Argumente:

Die einen hätten das Stück als *faschistisch* verdächtigt und gesagt:

Kreon entwickle darin eine Theorie der politischen Macht, die sich nicht um Moral kümmere; er spreche die Sprache des Pragmatismus; er verurteile Antigone im Namen der sozialen Ordnung.

Antigone sei wie eine Anarchistin dargestellt: ihr Opfer sei ohne Wert.

Andere hätten im Stück einen *antifaschistischen* Akzent bemerkt:

Antigone stelle Kreon das Bemühen um moralische Reinheit gegenüber; sie rufe das Gewissen an zur Bewahrung der Freiheit gegenüber der Macht; sie sei das unschuldige Opfer einer ungerechten Macht.

Kreon sei der wahre Protagonist des Stückes: seine Tat erfülle die Zuschauer mit Abscheu.

Das Stück dramatisiere also die politischen Probleme der Zeit: Der Dialog zwischen Antigone und Kreon habe verstanden werden können wie das Gespräch zwischen Résistance und Kollaboration.

Die Reaktionen der Öffentlichkeit: Die Redakteure von ‚Je suis partout' hätten Beifall geäußert; geheime Flugschriften hätten den Autor getadelt; die Bereitschaft zu Opfer und die Besessenheit der Antigone nach Reinheit hätten die Jugend begeistert.

Laubreaux fügt hinzu, daß die Bedeutung des Stückes über die politische Debatte hinausgehe und den zeitlich ungebundenen Konflikt formuliere, der dem menschlichen Leben inhärent sei.

Joachim Kaiser schreibt aus der distanzierten Sicht des heutigen Lesers:

„Jean Anouilhs ‚Antigone' (1942) ist längst ein ‚Klassiker' des modernen Dramas geworden. Das Werk hat sich aus den historischen Beziehungen, in die es – vielleicht! – eingebettet war, gelöst. Die es heute lesen oder im Theater sehen, wissen kaum mehr (und brauchen es auch nicht zu wissen), daß die todesmutige, antikompromißlerische Entschlossenheit Antigones einst ein Symbol war für die französische Résistance, während sich in Kreon anscheinend die Vichy-Politik symbolisierte. Denn Antigone und Kreon sind aus diesen Rollen längst herausgewachsen. Jeder tut, was er tun muß. Wer einmal ‚ja' sagt, muß immer dafür bezahlen. Wer ‚nein' sagt, läßt im Stich und muß die Folgen tragen. – So etwa sieht die beinahe grobe Antithetik dieses von Überzeugung geladenen Stückes aus. Und die Wende kommt nicht etwa, weil eine dieser beiden Überzeugungen – die Kreons oder gar die Antigones – widerlegt würde. Sie kommt, weil Antigone plötzlich den Abnutzungsprozeß voraussieht. Sie ahnt, daß alt werden Kreon recht geben heißt. Doch so billig gibt sie ihre Überzeugung nicht her. Darum wählt sie den Tod.

Man kann sich heute kaum mehr vorstellen, mit welcher Verbissenheit junge Leute in Deutschland – nachdem sie jahrelang verlogenes Gefasel über ‚Pflicht' und darüber, daß ‚beim Hobeln nun einmal Späne fallen', gehört hatten – über diese Antigone und ihren Protest diskutierten. Man wollte es damals genau wissen. Dem Dichter wurden 16 Seiten lange Handschreiben gesandt mit der dringenden Bitte, er möge doch der Reihe nach zu allen darin enthaltenen Fragen Stellung nehmen (was er meines Wissens bis heute nicht getan hat), man spielte die moderne Antigone gegen die klassische aus. Man war vom Haß gegen das kleine Alltagsglück besessen.

Mittlerweile sind fünfzehn Jahre vergangen. Antigone wirkt heute ‚klassisch' und – was sie am wenigsten sein mochte – rührend. Anouilh hat die Fragen, die das Stück aufwarf, auf seine Weise beantwortet: in späteren Dramen. Die Jünglingsfigur des Dramas ‚Majestäten' nimmt den Rat, sie solle ‚heiraten und Kinder haben', an. Der Trotz Antigones läßt sich zähmen. Der Absolutheitsanspruch wird widerlegt. Die das ‚kleine Alltagsglück' ausschlagen, sind jetzt die Bösen, die Schädlichen – nicht die andern, die Konzessionen und Beschränkungen auf sich nehmen. ..." (S. 19f.)

f. Antigone unter existentialistischem Aspekt

Breiten Raum in der Antigone-Literatur nehmen philosophische Fragestellungen ein, die im wesentlichen um das Problem der Tragik und der Übertragbarkeit des Menschentums der Antigone kreisen. Eine existentialistisch orientierte Deutung versucht Brigitta Coenen-Mennemeier unter dem Aspekt „Einsamkeit und Revolte". Sie stellt Anouilhs „Antigone" in den Rahmen des vom Existentialismus geprägten französischen Theaters des 20. Jahrhunderts und überschreibt das der „Antigone" gewidmete Kapitel: „Die Revolte der Jugend". Sie erkennt wesentliche Gemeinsamkeiten in der Thematik des modernen Theaters mit der „Auffassung des Existentialismus von der Verlassenheit und der Verantwortung des Einzelnen, von seinem délaissement und seiner responsabilité", die sich bei Sartre, Camus und Anouilh nachweisen lasse. Die Einsamkeit des Helden wird nicht nur im Bezug auf seine Stellung im gesellschaftlichen Raum gesehen.

„Sie erweist sich vielmehr als eine grundsätzliche Ungeborgenheit, zu der sich die allgemeine soziale Unsicherheit als Spiegelbild verhält. Die Bindungslosigkeit des Einzelnen in seiner Zeit und seiner Umgebung symbolisiert seine metaphysische Verlassenheit. Es gibt keinen Himmel mehr, von dem aus die menschliche Existenz gerechtfertigt oder gar gesichert würde. Mit dem Tode der Götter und des einen Christengottes geraten aber auch alle Normen ins Wanken, die bislang universale Gültigkeit besaßen. Der einsame Held ist also darauf angewiesen, sich selbst und seine Wertskala jeweils neu zu entwerfen; er kann sie in seiner Umgebung nicht voraussetzen. Dadurch unterscheidet sich seine Tragödie von dem Normenkonflikt des Helden der französischen Klassik, der mit dem grundsätzlichen Verständnis und der Sympathie seiner dramen-immanenten Umwelt rechnen konnte." (S. 9f.)

Über den Begriff der Revolte heißt es:

„Wir bezeichnen die zur Tat führende Auseinandersetzung des Helden mit seiner Lage als Revolte. Einsamkeit und Revolte sind so miteinander verbunden, daß sich die eine Wirklichkeit aus der anderen ergibt. Dabei kann man nicht prinzipiell unterscheiden, welcher der beiden Aspekte als der erste, den zweiten bedingende anzusehen ist. Im allgemeinen erwächst die Revolte des Einzelnen aus dem Bewußtsein von seiner grundsätzlichen metaphysischen Verlassenheit, während die Einsamkeit innerhalb der Gesellschaft häufig eine Folge des Revolteaktes ist." (S. 11.)

Die Revolte wird weniger als eine soziale denn als eine existentielle verstanden:

„Die ‚Umwelt', gegen die sich der Einzelne empört, ist nicht das Milieu, sondern das Universum. Antigone leidet nicht unter dem Generationsproblem wie so viele jugendliche Helden des amerikanischen Theaters, sondern unter der unzumutbaren Kompromißlösung des Lebens.

Indem die Revolte des Helden im modernen französischen Schauspiel den Sinn des Weltganzen in Frage stellt, ist sie tragischer Natur, auch wenn sie nicht mit dem Tode endet." (S. 18.)

Antigone scheitere „in der Welt und an der Welt, weil sie in ihr nicht mehr den Ort geistiger Geborgenheit" (S. 13) sehen könne.

„Der Aufstand des Menschen gegen die über ihn verhängte Situation hat keinen Partner mehr, von dem er aufgefangen und durch die metaphysische Erlösung beantwortet werden könnte. Der Mensch transzendiert sich nicht mehr; seine Revolte ist bestenfalls heroische Selbstbewahrung, wenn sie nicht gar als Selbstbetrug oder masochistischer Wahnsinn endet." (S. 13.)

„Das Gespenst der Ohnmacht" walte im düsteren Hintergrund des Stückes, „vor dem sich die Konturen der menschlichen Akte und des menschlichen Leidens umso ergreifender abheben." (S. 13).

In der Sicht Coenen-Mennemeiers erscheint also der seiner Transzendenz beraubte moderne Mensch als tragisch. Der Verlust der „geistigen Geborgenheit" wird zutiefst bedauert und die in der Verlassenheit sich äußernde Revolte erscheint als ohnmächtiger Versuch, die existentielle Einsamkeit in einem Zurück zur metaphysischen Geborgenheit zu überwinden.

Es ist selbstverständlich möglich, daß viele Autoren des 20. Jahrhunderts den Menschen unter diesem tragischen Aspekt sehen, weil sie den in eine feste geistige Normenwelt gestellten Menschen als geborgen und nicht als geistig eingesperrt, im freien Denken gehemmt empfinden. Und ebenso ist es grundsätzlich denkbar und sogar verständlich, daß man als Leser oder Betrachter literarischer Werke unserer Zeit die darin dargestellte Verlassenheit des Menschen als tragisch beklagt und mitleidend ergriffen ist. Denn auf sich selbst gestellt sein, keine allgemein anerkannte Autorität für sein Handeln verantwortlich machen können, ist sicher weniger bequem als ein von Normen geleitetes Leben. Nur – eine solche Betrachtungsweise muß sich als das erkennen, was sie ist: konservativ. Sie drückt das Lebensgefühl des Spätgeborenen aus, der wehklagend vor den Trümmern der Welt seiner Väter steht und mit der ihm vererbten Freiheit nichts mehr anzufangen weiß. Aber kann eine solche Betrachtungsweise den Grundzügen des Existentialismus gleichgesetzt werden?

Das Entscheidende an der Aussage Sartres ist die Tatsache, daß er die Verlassenheit des Menschen nicht als einen Verlust empfindet und bezeichnet, sondern völlig frei ist von jedem Gefühl des Bedauerns. Er sieht den Menschen nicht verlassen und passiv in einer feindlichen Welt; die ihm übertragene Verantwortung bedeutet ihm vielmehr Gewinn, er wendet sich der Welt zu, nicht von ihr ab, d. h. statt des Gefühls der Ohnmacht spricht der Optimismus befreiter schöpferischer Potenz aus ihm. Nach dieser notwendigen Akzentkorrektur des Verständnisses der Verlassenheit scheint mir die von Coenen-Mennemeier versuchte Betrachtung der „Antigone" unter dem Aspekt des Existentialismus sehr problematisch zu sein.

Mit anderer Begründung lehnt Canaris die existentialistische Deutung der Antigone ab:

> „Ihr ‚ich bin nicht da, zu verstehen' ist nicht nur Ausdruck ihrer Freiheit gegenüber den von Kreon vertretenen Notwendigkeiten des Lebens, sondern gleichzeitig ihrer Gebundenheit an die eigene Voraussetzung. Antigone ist keine existentialistische Heldin, die Möglichkeit des Wählens, des Sich-Selbst-Setzens gibt es für Anouilhs Figuren nicht." (S. 50.)

Dagegen noch einmal Coenen-Mennemeier:

> „Was der einleitende Gebrauch des Wortes ‚personnages' bereits vermuten ließ, wird durch die Charakteristik der Antigone bestätigt: hier werden nicht Schauspieler vorgezeigt, die sich auf ihre Bühnenrolle vorbereiten, sondern Figuren des Theaterstückes, die sich für die Rolle ihrer Existenz sammeln (Elle pense). Der Satz ‚Elle pense qu'elle va être Antigone tout à l'heure' bedeutet also nicht, daß sich eine Schauspielerin anschickt, für kurze Zeit den Akten und dem Schicksal der Antigone ihr Äußeres, ihre Stimme, ihre Gesten zu leihen, wodurch der Prolog den Spielcharakter des Theaters deutlich machen würde; vielmehr ist der Prolog das Verweilen bei dem bedeutsamen Augenblick, in dem sich die Hauptfigur des angekündigten Schauspiels mit der Entscheidung ihres Lebens konfrontiert sieht. Die Entscheidung ist ein existentieller Akt, durch den sich die Heldin in ihrer Eigenart erst eigentlich selbst setzt. Sie wählt die Rolle, die ihr Schicksal bestimmen wird: ‚Elle pense qu'elle va être Antigone tout à l'heure.'" (S. 83.)

g. Ist Antigone eine tragische Heldin?

Wie aus den bisher angeführten Äußerungen über „Antigone" bereits zum Teil hervorgeht, sehen Canaris und Coenen-Mennemeier und viele andere Kritiker Antigone als tragische Gestalt.

Coenen-Mennemeier:

„Indem die Revolte des Helden im modernen französischen Schauspiel den Sinn des Weltganzen in Frage stellt, ist sie tragischer Natur, auch wenn sie nicht mit dem Tode endet. Trotz seiner dramenimmanenten Ohnmacht spiegelt der einsame Held das Schicksal des ganzen Menschengeschlechtes wieder (sic!); die gesellschaftliche Wirkung, die er auf den Zuschauer ausübt, bestätigt diesen repräsentativen Charakter.

Im Verhältnis zu der Stellvertreterfunktion der Zentralfigur spielen die an Raum und Zeit gebundenen Besonderheiten ihrer Umwelt eine untergeordnete Rolle. Die Zugeständnisse an griechische Vorbilder ... oder an das Kostüm einer Epoche sind in hohem Maße transparent für eine allgemeinere Bedeutung." (S. 18.)

Mehr behauptend als begründend formuliert Canaris:

„Die Tragödie dieser Antigone ist keine politische oder religiöse, sondern eine menschlich-private ... Die Tragödie des Idealisten in der Welt erscheint ohne die Bemühung des Transzendenten in dem trotzigen Nein eines Mädchens zum Leben." (S. 49.)

Da Canaris überdies Antigone gegenüber der Kompromißbereitschaft Kreons in die Nähe des Inhumanen gerückt sieht (vgl. oben, S. 33), dürfte ihm die Rechtfertigung der Verwendung des Begriffs der Tragik in bezug auf Antigone ohnehin schwerfallen.

Eine sowohl von Canaris wie von Coenen-Mennemeier abweichende Beurteilung gibt Gignoux:

„Wir haben schließlich mehr Interesse für die Charaktere der Personen, für ihre Qualitäten und ihre Fehler als für ihr Schicksal, ihre Bestimmung; wir erkennen allzu sehr in ihnen das menschliche Wesen mit seinen Ticks, seinen Verschrobenheiten, seinen Leidenschaften, seinen Verantwortlichkeiten. Das psychologische Drama nimmt unsere Aufmerksamkeit zum Nachteil der Tragödie in Anspruch; und wenn ich meinen Gedanken stark vergröberte, könnte ich sagen, daß ich am Ende nicht mehr dem ewigen Konflikt zwischen Ordnung und Wahrheit beiwohne, sondern dem zwischen einem Mann und einer Frau, zwischen Menschen, die nicht gemacht sind, um sich zu verstehen. ... Ein psychologisches Drama, keine Tragödie. Ein Drama der Reinheit, genauer der Reinheit in der Aktion. Was lehrt es uns? Nichts Gültiges, denn das wahre Problem wird nicht gestellt. Ich wiederhole, Antigone und Kreon sind beide gleich stolz, gleich unwissend über die Macht der Nächstenliebe, und sie danken beide ab, der eine wegen des Sinns, den er seinem Ja gibt, die andere wegen ihres Protestes. Sie haben gleichermaßen unrecht. Folglich hat jeder zu leicht recht gegenüber seinem Gesprächspartner, und dennoch ist keiner imstande zu überzeugen. Kreon ist so angelegt, daß er Antigone rechtfertigt. Antigone ist so angelegt, daß sie Kreon rechtfertigt. Wir erwarten mehr als diese Äquivalenz." (S. 113–115.)

„Dennoch rührt ‚Antigone' mich. Und zwar deswegen, weil sich inmitten des Dramas der Aktion jenes der Einsamkeit entwickelt und ich deswegen die dialektischen Unzulänglichkeiten vergesse (ich schäme mich fast, sie bemerkt zu haben) aus Ehrfurcht vor der Not der Personen. Da bedeuten dann ihre Irrtümer wenig, es handelt sich nur noch darum, das menschliche Wesen zu lieben.

Kreon ist allein, Antigone ist allein. Diese Vereinzelung, für die sie verantwortlich sein mögen oder nicht, verleiht ihnen eine erregende Größe." (S. 116.)

2. Die dramaturgische Konzeption

a. Die Funktion des Sprechers

Im französischen Original wird die Rolle mit „Le Prologue“ und „Le Chœur“ bezeichnet. Die deutsche Wiedergabe beider Bezeichnungen mit „Sprecher“ zeigt an, daß es sich um ein und dieselbe Person handelt, deren Rolle sich im Verlauf des Stückes allerdings ändert. Während seiner ersten beiden Auftritte (S. 7–9 u. S. 28/29) steht er außerhalb des eigentlichen dramatischen Geschehens. Er stellt zunächst die Personen vor, beschreibt deren Rolle im Spiel und teilt den Zuschauern mit, was geschehen wird. Er informiert auch über die nötigen Fakten der Vorgeschichte. – Er zeigt die Überlegenheit dessen, der alles weiß und die Personen am Band hat wie der Marionettenspieler seine Puppen. Er hat gewissermaßen alle mitspielenden Puppen mitgebracht, um sie vorzuzeigen. Sie sind bereits in der Kostümierung des Spiels, hängen aber noch inaktiv am Haken. Der Marionettenspieler hat sie noch nicht durch seinen Griff in die Fäden belebt.

Nach der ersten Szenenfolge unterbricht er das Spiel, interpretiert es als Tragödie, definiert die Tragödie und das Drama in Gegenüberstellung, wobei er seine Sympathie für die Form der Tragödie klar herausstellt. Seine Rolle ist also recht vielfältig: Er stellt vor, informiert, gibt Vorschau, interpretiert, definiert, argumentiert, philosophiert, und schließlich agitiert er auch, wenn er die Tragödie als etwas für Könige empfiehlt. Diese Rolle außerhalb des Geschehens hält er aber nicht durch. Er tritt auch in die Handlung ein und wird selber zur mitspielenden Person. In den Szenen „Kreon – Sprecher“ (S. 53) und „Kreon – Hämon – Sprecher“ (S. 53–56) zeigt er sich plötzlich entrüstet über Kreons Entscheidung und bemüht sich um die Rettung Antigones. In diesen Szenen spricht er nicht zu den Zuschauern. Er scheint auch ganz vergessen zu haben, was ihm in seinem zweiten Auftritt (S. 29 unten) selbstverständliche Gewißheit war: „Und alle Versuche, jemand zu retten, bleiben vergeblich.“ Warum versucht er es dann jetzt dennoch? Übernimmt er hier vielleicht stillschweigend die Rolle der Zuschauer, die trotz der desillusionierenden Wirkung der Eingangsszene um das Schicksal der Antigone zu bangen beginnen und nun erfreut sind, in dem Sprecher einen Anwalt ihrer Wünsche auf der Bühne zu sehen?

Im weiteren Verlauf des Stückes ändert sich die Rolle des Sprechers noch einmal. In den letzten Szenen (S. 61–64) erscheint er zunächst wieder als Arrangeur, der außerhalb des Spiels steht („So – Antigone hat es überstanden . . .“). Dann wird er zu einem unbestimmten Mitspieler, der Kreon den Tod Eurydikes berichtet. Warum übernimmt der Sprecher diese Rolle? Stört den Autor der Auftritt eines zweiten Boten (Wiederholung!), so daß er den Sprecher in seiner Allwissenheit so tun läßt, als sei er Zeuge gewesen? Aber der Ton ist nicht der des sachlich berichtenden Boten, sondern der des ironisch distanzierten Sprechers, der auch in der abschließenden Beurteilung zu den Zuschauern spricht.

Eine Reihe noch offener Fragen also.

b. Tragödie – Drama / Spiel – Wirklichkeit

Zur Technik des „Stückefabrikanten" Anouilh einige aufschlußreiche Zitate aus der Sekundärliteratur:

Canaris:

„Fabrikation mit vorgefertigten Teilen – auf diesen Nenner kann man Anouilhs Dramaturgie bringen. Denn außer dem szenischen, spielerischen, jedenfalls theatergemäßen Grundeinfall bringt Anouilh nicht viel Eigenes mit, wenn er ein Stück schreibt. Nicht einmal eine Fabel kann er entwerfen (und das ist zweifelsohne das entscheidend Undichterische an ihm). Was sich aus dem Grundeinfall entwickelt, ist eine Reihe von Spiel-Situationen, in die der Autor seine Spiel-Figuren stellt.

Aus dieser Beschränkung aber gewinnt Anouilh die ihm eigene Meisterschaft: mit den vorgegebenen Elementen des konventionellen, ja oft des Boulevardtheaters zimmert er seine ureigenen Stücke – und zwar jeweils so, daß der Konstruktionsplan des Ganzen wie die Struktur jedes einzelnen Elements sichtbar bleiben: daraus entsteht dann die ‚schwebende' surrealistisch-antiillusionistische Wirkung. ... Anouilh arbeitet mit den herkömmlichen Mitteln, ... aber nie so, daß das Gespielte sich als Wirklichkeit ausgibt, sondern immer so, daß das Spielerische sichtbar wird. (Wo Anouilh direkt antiillusionistisch wird, gerät ihm das prompt zu schlechtem Wilder- bzw. Pirandello-Abklatsch: beim Spielleiter der ‚Antigone' bzw. bei der ‚Grotte'." (S. 12f.)

„Der Chor ist durch einen Sprecher ersetzt, der plaudernd die Vorgeschichte berichtet und bisweilen mit wissender Skepsis das Geschehen kommentiert. (Die Spielleitergestalt, inkonsequent durchgeführt und nicht eigentlich die Struktur des Theaterstückes bestimmend, erscheint als oberflächlich-modischer Abklatsch der gleichen Figur aus Wilders ‚Unsere kleine Stadt', das 1938 entstand, vier Jahre vor der ‚Antigone'.)" (S. 45.)

Coenen-Mennemeier:

„Im Prolog werden die Dramenfiguren vorgestellt und in die Vorfabel eingeordnet. Doch hat der Prolog nicht nur Expositionscharakter: er zerstört vielmehr jegliche auf den Handlungsausgang gerichtete Spannung. ... Nach dieser resümierenden Einleitung, in der die noch nicht agierenden, jedoch bereits auf der Bühne gegenwärtigen dramatischen Figuren zu ihrem späteren dramatischen Geschick in Beziehung gesetzt werden, erfolgt eine Charakteristik sämtlicher personnages und ihrer Funktion in dem sich vorbereitenden tragischen Geschehen. Dabei wird das Ende jeweils mit vorweggenommen, und der Zuschauer erfährt so neben dem anfänglichen Handlungsstand auch schon in großen Zügen den gesamten Verlauf der histoire d'Antigone. Während das Stück abrollt, wird er sich also nicht mehr nach der Fabelentwicklung fragen, sondern sein Interesse auf den Motivationszusammenhang richten. Gerade in der Zuordnung von Figur und Motiv unterscheidet sich Anouilhs moderne Antigone von der des Sophokles. Die Zerstörung der Illusion zu Beginn des Schauspiels rechtfertigt sich aus der ohnehin vorhandenen Information des Zuschauers, dem der Antigone-Stoff aus der Tradition vertraut ist. Doch gehen die illusionszerstörenden Auskünfte des Prologs über diese andeutende Wiederholung bekannten Wissens weit hinaus. Sie verweisen bereits auf die Problematik des Stückes." (S. 82.)

„Die dramaturgischen Vokabeln, die an dieser Stelle des Prologs verwendet werden (personnages, jouer son rôle), verweisen auf den Tragödiencharakter des Lebens, in dem der Einzelne durch sein im Namen symbolisiertes Wesen (elle s'appelle Antigone[1]) eine Einschränkung der Handlungsfreiheit erfährt, die für die Heldin sogar zum Tode führt. Die Endphase der tragischen Rolle ist also bereits mit der existentiellen Entscheidung am Anfang gegeben. Auch über den besonderen Charakter der Rolle gibt der Prolog Aufschluß. Mit dem unmittelbar bevorstehenden Entschluß stellt sich die tragische Heldin in Gegensatz zum Universum: ‚Elle va surgir soudain de la maigre jeune fille noiraude et renfermée que personne ne prenait au sérieux dans la famille et se dresser seule en face du monde, seule en face de Créon, son oncle, qui est le roi.'[2] In wenigen Sätzen ist das Ausmaß der Einsamkeit, in die Antigone durch ihre Revolte gestoßen wird, umrissen. Die tragische Heldin, die vom Kind zur Erwachsenen werden soll und sich den Spielregeln der Gesellschaft nicht fügen will, macht sich nicht irgendwelche Individuen oder Gruppen innerhalb der Welt zu Gegnern, sondern die Welt selbst. Diese wird repräsentiert durch Créon, der ebenfalls an die durch seine Wahl übernommene Rolle gebunden ist und von daher bei Anouilh eine Art tragischen Alibis erhält.

Der Chor zeigt die moralische Gleichwertigkeit entgegengesetzter tragischer Positionen auf:

‚Dans la tragédie on est tranquille. D'abord, on est entre soi. On est tous innocents en somme! Ce n'est pas parce qu'il y en a un qui tue et l'autre qui est tué. C'est une question de distribution.'[3]

Das Wesen der Tragödienhandlung läßt sich am besten in Abgrenzung gegen die Dramenhandlung bestimmen. In dem, was Anouilh als drame bezeichnet – wobei er wohl vor allem das realistisch-naturalistische Schauspiel des neunzehnten Jahrhunderts im Blick hat –, handeln die Helden so, wie es für sie nützlich ist. Sie sind auf die Wahrung ihres Lebens und ihres Glücks bedacht. Wenn sie kämpfen, so haben sie ein konkretes Ziel vor Augen, dessen Erlangung für ihre Lebensbewältigung wichtig ist. ‚Dans le drame, on se débat parce qu'on espère en sortir.'[4] Der Tragödienverlauf dagegen steht im Zeichen des unvermeidlichen Schicksals. Was geschieht, geschieht mit unausweichlicher Notwendigkeit.[5] Die Akte der tragischen Helden erhalten von dieser tödlichen Sicherheit aus, die Anouilh ironisch mit dem Vokabular der Ruhe umschreibt (tranquille, reposant), ihr Gewicht. Sie sind für die Bewältigung des Daseins zwecklos, weil sich der tragische Held nicht einen Teil der Welt, sondern die ganze Welt zum Gegner macht und daher von nirgendwoher Hilfe erwarten kann. Das Verhalten des tragischen Helden ist nicht utilitaire wie das des dramatischen, sondern gratuit . . .

Diese Definition der Situation des Tragödienhelden trifft für Antigone in doppelter Weise zu: Nachdem sie gegen das Gebot des Créon ihren Bruder Polynice bestattet hat,

---

[1] Sie heißt Antigone. (W. S.)

[2] Sie wird plötzlich aus dem mageren, farblosen und verschlossenen jungen Mädchen, das bisher in der Familie niemand ernst genommen hat, herauswachsen und allein ihrem Onkel Kreon, dem König, trotzen. (W. S.)

[3] In der Tragödie ist man beruhigt. Man ist unter sich. Alle sind im Grunde unschuldig. Nicht, weil einer tötet und der andere getötet wird. Es ist eine Frage der Rollenverteilung. (W. S.)

[4] Im Drama kämpft man, weil man noch irgendwie sich zu retten hofft. (W. S.)

[5] Vgl. dazu oben das Kapitel „Kreon, realistisch-humaner Politiker oder Diktator?", insbesondere S. 35. (W. S.)

ist sie gefangen im erbarmungslosen Mechanismus der tragischen Entwicklung, die auf ihren Tod zueilt. Dieses grundsätzliche Gefangensein, als das der Chor tragische Lebenssituationen überhaupt bezeichnet, wird bei ihr zudem noch materialisiert, indem die bei der Leiche postierten gardes Antigone ergreifen und vor den König schleppen. Die konkrete Situation der Antigone ist also in hohem Maße transparent für das Wesen des Tragischen, wie Anouilh es versteht, und so ist es kein Zufall, daß Anouilh gerade in diesem Schauspiel Reflexionen über die Kunstform des drame und der tragédie anstellt.

Die Definitionen müssen hier freilich in ihrer Doppelbödigkeit verstanden werden. Der Chor reflektiert über das Leben, indem er Kategorien des Spieles verwendet. Das dargestellte Leben erscheint also bereits als Stoff im Lichte der Tragödie. Konsequenterweise ist die Form, in der dieser Stoff gestaltet wird, die Gattung der modernen tragédie. Das bietet sich umso mehr an, als ja die Situation der Antigone in der Tradition bereits die Form der Tragödie erhalten hatte. Die Motivationsfüllung des vorgegebenen Rahmens wird allerdings in der modernen Tragödie von dem antiken Vorbild entscheidend abweichen." (S. 83–85.)

Hans Robert Jauß weist in einem Strukturvergleich der „Andromache" Racines und der „Antigone" Anouilhs nach, daß in der „Antigone" der „Gegensatz von tragédie und drame, der klassischen Form der Tragödie Racines und der Form des modernen Dramas, im Spiel selbst vor Augen gestellt wird". Zu den Betrachtungen des Sprechers über den Sinn der Tragödie heißt es:

„Das Überraschende, ja zunächst Schockierende dieser Betrachtung liegt darin, daß der Sinn der Tragödie aus einer scheinbar unangemessenen Sicht in Frage gezogen und ironisiert wird. Insofern hier der Chor auf der Bühne für uns – die Zuschauer– spricht und das tragische Geschehen an den Erwartungen mißt, die wir gemeinhin dem Leben entgegenbringen, rücken die verschiedenen Phasen der dramatischen Handlung (Anlaß, Ablauf, Ausgang) und ihr exemplarischer Sinn in ein ungewohntes Licht. ... Vom alltäglichen Leben aus gesehen beginnt die Handlung einer Tragödie fast wie durch einen Druck auf den Knopf, aus einem angesichts der Wirkung nicht zureichenden Anlaß ... Zwischen Leben und Tragödie tut sich vor unseren Augen eine Kluft auf. Der Anlaß, der die tragische Handlung auslöst, erscheint ‚gratuit'; er ist vom Leben aus nicht zu rechtfertigen und nicht zu begreifen. ... Was nun beginnt, stellt sich vom Leben aus gesehen als ein vorgezeichneter, selbständiger und darum mechanisch wirkender Ablauf dar, an dem nichts mehr zu ändern ist, ... ‚Le vainqueur déjà vaincu': der Ausgang ist in der Tragödie unausweichlich, schon vom Anfang an vorgezeichnet und darum ‚reposant'. Denn er negiert von vornherein alle Freiheit weiterer Entscheidung, jene Unruhe des Lebens, in dem immer noch zu hoffen ist, in dem man noch glaubt, seine Lage selbst bestimmen zu können. ‚Dans la tragédie on est tranquille' – hier ist selbst der Tod nicht mehr schrecklich, weil er mit eingeplant ist und nicht mehr unversehens kommen kann, 'comme un accident'.

Die Tragödie ist nach alledem ein Gegenbild, ja der reine Gegensatz zum Leben, für das in der Betrachtung des Chors unmerklich ein anderer Begriff eintritt, der sich mit demselben Umkreis von Bestimmungen deckt: ‚le drame'. Wie das Leben unterscheidet sich auch das Drama von der Tragödie durch den offenen Horizont des Zufalls und der Hoffnung: ... Wie im Leben führt auch im Drama die Freiheit des Handelns zu der Möglichkeit, zwischen ‚gut' und ‚böse', ‚schuldig' und ‚unschuldig' ... zu scheiden. In der Tragödie hingegen erscheint eine solche Zurechnung des Handelns vom Standpunkt des Lebens aus betrachtet nicht mehr überzeugend. Wo es kein ‚peut-être', keinen Spielraum der Freiheit gibt, ist auch die Scheidung in ‚schuldig' und ‚unschuldig' letztlich nur noch eine Frage der Verteilung der Rollen: ‚On est tous innocents en somme!' Damit stehen wir vor der Frage nach dem Sinn und der Verbindlichkeit der Tragödie, in der Anouilh seine ironische Würdigung gipfeln läßt. ‚Dans le drame, on se débat parce qu'on espère en sortir'. In der Tragödie hingegen wäre die ‚schmutzige Hoffnung' – wie alles Nützliche – verächtlich, hier handelt man ‚pour rien: pour se le dire, pour l'apprendre, soi'. So wäre also der Sinn der Tragödie dem Leben nichts nütze? ‚Là, c'est gratuit. C'est pour les rois.' So hätten wir also nur dieser ironischen Einladung zu folgen und könnten die Tragödie als Schauspiel einer anderen Welt genießen, ohne uns über das Schicksal Antigones beunruhigen zu müssen?" (S. 430f.)

Im weiteren Verlauf seines Strukturvergleichs stellt Jauß die Folgerungen dar, die sich aus der Gleichsetzung von Leben und Drama und ihrem Widerspruch zur Tragödie ergeben. Es sei nicht nur einfach ein geschickter dialektischer Kunstgriff des modernen Autors, sondern diese Gleichsetzung entspreche der entscheidenden Wende, durch die sich das bürgerliche Schauspiel des 18. Jahrhunderts unter Diderots Führung vom Theater der französischen Klassik getrennt habe. Dieses bürgerliche Schauspiel strebe im Gegensatz zum klassischen Theater die Aufhebung der Grenze zwischen Fiktion und Wirklichkeit, zwischen theatralischem Schein und Wahrheit des Lebens an und wolle im Zuschauer die Illusion entwickeln, daß er im Theater die unverschönte Wirklichkeit unmittelbar erlebe. Dieses zum naturalistischen Theater hinführende Schauspiel nenne Diderot in Abgrenzung zur klassischen Tragödie ‚le drame'. Die naturalistische Wiedergabe des bürgerlichen Lebens sei aber nach und nach auf die Wiedergabe eines Milieus eingeengt worden, und damit habe sich das bürgerliche Theater von der Absicht, moralische Anstalt zu sein, mehr und mehr entfernt. Das naturalistische Theater nehme dem Zuschauer die Illusion einer erhöhten Bühnenwelt nur, um ihn in die nicht weniger starke Illusion einer vollkommenen Nachahmung zu versetzen, die er sodann ästhetisch genießen könne wie den vorgezeichneten Gang der klassischen Tragödie.

„Die Ironie in Anouilhs Betrachtung über den Widerspruch zwischen ‚tragédie' und ‚drame', Bühne und Leben, rückt seine ‚Antigone' demnach gleichermaßen von der Erwartung der klassischen Tragödie wie von der des naturalistischen Schauspiels ab. Da Anouilhs Stück diese doppelte, traditionsbedingte Erwartung nun aber nicht einfach negiert, sondern ausdrücklich an sie anknüpft, um sodann aus dem Widerspruch von ‚tragédie' und ‚drame' seine moderne ‚Antigone' hervorgehen zu lassen, beginnen wir unseren Vergleich jeweils mit der Frage, welche Einstellung die klassische und moderne Form der Tragödie bei ihrem Publikum zur Voraussetzung hat." (S. 432.)

Für Racines Publikum, dessen Geschmack durch Corneille gebildet sei, habe die Neuheit der „Andromaque" vor allem in der „simplicité" bestanden. Hinter diesem Begriff habe sich im Grunde der Vorwurf der Unwahrscheinlichkeit verborgen und dem Stück fehle eine spannende Handlung, eine Spannung, wie sie vergleichbar Anouilhs Sprecher dem Drama bzw. dem Leben zuschreibe. Aber gerade in dieser Erwartung habe die „Andromaque" ihr Publikum enttäuschen müssen, denn diese Tragödie zerstöre von Anfang an eine solche

Spannung, indem sie den Zuschauer in der Exposition in die Fabel und den Ausgang einweihe. Racine lenke aber zugleich das Interesse des Zuschauers vom Ablauf der Handlung weg auf etwas anderes, auf das wechselnde Verhältnis der Personen zueinander, das nicht mehr durch äußere Begebenheiten beeinflußt werde. Diese Einführung des Publikums in den Handlungsablauf geschehe sehr entscheidend durch die „Einheit der Familie", in der die einzelnen Mitglieder einander und auch dem Publikum völlig vertraut seien und jeder Konflikt unvermeidlich, also nur scheinbar neu und einmalig motiviert sei.

„Erst damit, daß Racine das äußere Schicksal seiner Personen schon in der Ausgangssituation der Tragödie nahezu abschließt und diese Konstellation sodann nur noch in den wechselnden Positionen des nie zum Ende gelangenden Dialogs der in Liebe, Gleichgültigkeit und Haß verstrickten Personen durchspielt, kann sich das Pathetische völlig frei vom nur Akzidentiellen der Charaktere und der besonderen Zwecke der Intrige entfalten. Gerade die ausschließliche Beziehung von Liebe und Haß löst die Personen in der Kette der unerwiderten Leidenschaften von allen äußerlich bedingten Motiven des Handelns ab, so daß ihre Täuschung, die den tragischen Ausgang der Verwicklung herbeiführt, am Ende allein noch dem unvermeidlichen Irrtum über den Anderen entspringt." (S. 436.)

Aus der zeitgenössischen Kritik an Racine gehe hervor, daß dessen Charaktere, gemessen an den Erwartungen des Corneille'schen Theaters, unwahrscheinlich seien. Auf welche Erwartungen des Publikums nimmt nun die moderne Tragödie Bezug?

Mit der befremdend privatisierenden Art der Vorstellung der hochgestellten Personen der antiken Tragödie habe sich Anouilh offenbar auf ein modernes Publikum eingestellt und die alte Fabel in ein zeitgemäßes Gewand gekleidet, das der Erwartung eines naturalistischen Dramas zu entsprechen scheine. Aber die Modernität setze die Überwindung des auf Diderot zurückgehenden Illusionstheaters voraus. Darum:

„Indem Anouilh die hochgestellten, ehrwürdigen Figuren der alten Tragödie in beliebiger, typisch alltäglicher Gestalt und Funktion einführt, wird die Lebenswahrheit des naturalistischen Dramas zu dem Idealbild mythischer Größe und Tragik in einen ironischen Gegensatz gestellt, der dem Zuschauer die Frage nach dem Sinn der Tragödie und ihrem Nutzen für das Leben beunruhigend neu zu Bewußtsein bringt. Dieser Gegensatz wird zuerst in dem Abstand zu jener Rolle sichtbar, die den Personen beim Schritt aus dem Leben in die Tragödie bevorsteht, ein Abstand, den Anouilh sodann durch eine zusätzliche Vorgeschichte aus der Sicht des Alltags im Prolog eigens thematisiert und im weiteren Verlauf ständig vor Augen führt. Eines Abends – so erzählt der Prolog – richtete Hämon, nachdem er die ganze Zeit nur mit Ismene getanzt hatte, plötzlich an Antigone, ‚qui rêvait dans un coin', die von niemandem erwartete Frage, ob sie seine Frau werden wolle. ‚Personne n'a jamais compris pourquoi' – der neue Anlaß, durch den das Schon-Geschehene wieder in Gang kommt, entspringt mitten aus dem Leben und ist von ihm aus gesehen gleichwohl nicht zu verstehen. Hämons Frage und die Wiederkehr des vorgezeichneten, tragischen Geschicks verhalten sich nicht wie Ursache und Wirkung. Das anfängliche, eigentlichere und wahrere Geschick entspringt einer ‚question de trop', einer Frage zuviel, die gleichwohl das gewohnte Dasein aus den Angeln hebt und Antigone in steigendem Maße ... von den andern entfernt. Dieses Wissen unterscheidet sie schon im

Prolog von den andern, die dem Leben verhaftet bleiben und darum in die vorgezeichnete Rolle eintreten müssen, ohne sie je ganz zu begreifen. Antigone entfernt sich von ihnen als tragische Person, die als solche bestimmt ist, die Wahrheit ihrer Rolle einsam und ohne Kompromiß mit der Welt zu verkörpern. Sie entfernt sich damit zugleich von uns allen, ‚nous, qui n'avons pas à mourir ce soir'.

Diese fortschreitende Entfernung der tragischen Person aus der Selbstverständlichkeit des vertrauten Lebens versetzt den Zuschauer Schritt für Schritt mitten aus seiner Welt in jene andere, reinere Welt der Tragödie, in der sich Racines Andromache gemäß der Stiltrennungsregel der französischen Klassik von Anbeginn bewegt. ‚Là, c'est gratuit. C'est pour les rois. Et il n'y a plus rien à tenter, enfin!' – mit diesen Worten nimmt der Chor bei Anouilh ausdrücklich auf diese Regel Bezug, deren Sinn seine moderne Tragödie nun aber genau verkehrt. Während dort die ‚Könige' als Standespersonen die höhere, weil von den Schranken einer gewöhnlichen Kondition freien Möglichkeit des Handelns exemplarisch verkörpern konnten, erscheinen sie hier gerade durch ihre leere, im modernen Staat nicht mehr zu erfüllende Funktion als besonders geeignet, den modernen Sinn der Tragödie – ihre ‚gratuité' – zu veranschaulichen. Dazu kommt, daß ihre Sprache, die Racine dazu verhilft, seine Personen aus der Wirklichkeit des Alltags abzurücken und sie in die reinere Welt der Tragödie zu versetzen, Anouilh in genauer Umkehrung ihrer klassischen Funktion dazu dienen muß, die Kluft zwischen dem hohen Pathos der tragischen Situation und der durchschnittlichen Erfahrung des Lebens in einer konsequenten Stilmischung bewußt zu machen. Das darf nicht dahin mißverstanden werden, als sei hier lediglich beabsichtigt, das Pathos der klassischen Tragödie in banale Alltäglichkeit aufzulösen. Anouilhs ‚Antigone' ist keine bloße Travestie, so wenig wie der ... Versuch, die alte Fabel in zeitgemäßem Gewand zu erneuern, um ihre immer noch aktuelle Wahrheit in einer veränderten geschichtlichen Welt zu erweisen. Auch geht es Anouilh nicht mehr nur darum, wie im naturalistischen Drama Personen niederen Standes in jene Rolle tragischer Personen einrücken zu lassen, die in der französischen Klassik Personen hohen Standes vorbehalten blieb. Das antiklassische Prinzip der Stilmischung ist hier in einer Weise verwendet, die den Bruch zwischen dem modernen Theater und dem bürgerlichen Schauspiel der Diderot-Nachfolge unverkennbar macht. Es dient Anouilh dazu, den Widerspruch zwischen ‚tragédie' und ‚drame', Schauspiel und Leben selbst auf die Szene zu bringen, den das bürgerliche Schauspiel in der möglichst vollkommenen Illusion lebenswahrer Darstellung gerade aufzuheben versuchte. Das in der alltäglichen Sprache seiner Personen gespiegelte, uns allen vertraute Leben erscheint hier gerade als diejenige Welt, aus der die ‚histoire', das tragische Geschick Antigones, nicht unmittelbar und an sich selbst evident hervorgehen kann. Die pureté des Tragischen entspringt bei Anouilh aus einem Widerspruch zum Leben, der sich im Geschick Antigones vollzieht und in ihrem Tod gipfelt: so ist auch ihre Wahrheit am Ende nicht mehr gleichbedeutend mit einer Erhöhung des Lebens, an der sich der Zuschauer erbauen könnte. Gerade dieser Widerspruch zum Leben verleiht der alltäglichen Sprache der Anouilh'schen Tragödie indes nicht selten eine pathetische Wirkung, die Diderot und seine Nachfolger mit der Unmittelbarkeit des ‚cri de l'âme' vergeblich anstrebten. ... Gerade das unpathetisch-alltägliche Sprechen der modernen Antigone gibt unserer Welt, die sie durch das Übernehmen ihrer Rolle verneint, ein eigenes Pathos zurück und stellt damit das Recht des Lebens gegen die Wahrheit der Tragödie in ein neues Licht, in welchem sich ihr Widerspruch vollendet." (S. 439–442.)

Über die Bedeutung der Wiederholung einer in ihrem Verlauf bekannten Fabel in der modernen Tragödie Anouilhs sagt Jauß, sie habe zunächst zur Folge, daß die Wahrheit der Tragödie den Anschein einer Nachahmung des Lebens verliere. Sie werde also von dem Wahrscheinlichkeitsprinzip des bürgerlich-naturalistischen Illusionstheaters abgerückt. Die Wahrheit der Tragödie entstehe aus dem Bewußtsein, eine Rolle zu übernehmen, mit der die tragische Person sich aus der Wirklichkeit des alltäglichen Lebens herauslöse, um auf dem Wege in die Vergangenheit dieser Rolle den ursprünglichen Kern ihres Wesens aufzudecken und zu verwirklichen. Dabei zeige sich, wie Anouilhs Personen allmählich in der Wiederholung der vorbestimmten Rolle dahin gelangen, all die Gründe, die ihre letzte tragische Entscheidung von der Vergangenheit her bestimmt haben könnten, zu verneinen. (Diesen Prozeß zeige Anouilh in dem Dialog zwischen Kreon und Antigone.) Das Bemerkenswerte sei, daß diese totale Desillusionierung Antigones nicht durch den Ausgang herbeigeführt werde, sondern bereits eintrete vor dem Augenblick ihres Entschlusses zu sterben. Dieser Entschluß, den sie später in ihrem Abschiedsbrief an Hämon selber nicht mehr begreifen könne, entspreche zwar der Ankündigung des Chors, erscheine aber dennoch dem Zuschauer absurd, weil die Erklärung, Antigone müsse infolge der ihr vorbestimmten Rolle sterben, nicht mehr überzeuge. Anouilhs moderne Antigone sterbe eben nicht infolge ihrer Rolle, weil sie nun einmal Antigone heiße, sondern weil sie sich gegen alle entschließe, Antigone zu sein. Gegen diesen freien Entschluß Antigones, auf das Leben zu verzichten zum Zwecke ihrer Selbstverwirklichung, habe Anouilh durch Kreon die entscheidenden Gegengründe vorbringen lassen, der nur scheinbar die schlechtere Rolle spiele. Er könne das Recht des Lebens gegen die Position Antigones mit gleichgewichtigen Gründen verteidigen, weil seine Position nicht weniger stark im Pathos der Verneinung verwurzelt sei. Die Auflehnung gegen die determinierende Macht des Überkommenen sei beiden Positionen gemeinsam. Welche Position am Ende die stärkere sei, müsse der Zuschauer selber entscheiden. Diesen offenen Ausgang könne man nur als Mangel werten, wenn man diese moderne Tragödie an den Erwartungen messe, die die klassische Tragödie zu erfüllen pflegte.

„Die fehlende Gewißheit, daß die tragische Handlung am Ende in einem höheren, das Ideal und das Leben versöhnenden Sinne aufgehen werde, vereitelt zugleich die betrachtende Distanz einer nur ästhetischen Erfahrung und stellt damit auch den herkömmlichen ‚Grund des Vergnügens an tragischen Gegenständen' in Frage. Der moderne Zuschauer, ‚qui n'a pas à mourir ce soir', muß den Widerspruch zu seinem eigenen Leben erfahren. Er kann sich dem um so weniger entziehen, als dieser Widerspruch nicht mehr nur seiner möglichen Reflexion überlassen bleibt, sondern vor seinen Augen aus der ihm vertrauten Welt entspringt und bis zum Ende die Wiederholung des antiken Stoffes dramatisch bestimmt. Anouilh hat damit der vorgegebenen Fabel ein neues, spezifisch modernes Thema abgewonnen: das ‚Schauspiel des Schauspiels', das die Suche nach dem Ursprung des Tragischen selbst in die Handlung der Tragödie einbezieht und damit nach Pirandellos ‚Sei personnaggi in cerca d'autore' als eine praktische Poetik des modernen Theaters gelten kann, die formal Valérys ‚Gedicht des Gedichts' und Prousts oder Gides ‚Roman des Romans' an die Seite zu stellen ist." (S. 444.)

IV. Wirkungsgeschichte der „Antigone" im Spiegel der Theaterkritik (Dokumentation)

1. Gabriel Marcel über die Uraufführung und eine Neuinszenierung 1944

a. Uraufführung, Paris, Théâtre de l'Atelier, Februar 1944

„Vor ein paar Tagen wurde ich zur ‚freien Premiere' der „Antigone' von Jean Anouilh eingeladen. Die Bezeichnung ‚freie Premiere' ist wirklich ein Unding. Erst vor einigen Monaten habe ich einer Aufführung desselben Stückes beigewohnt, die – weiß der Himmel – keinerlei Geheimcharakter hatte. Der Snobismus retrospektiven Untergrundgebarens, der immer mehr um sich greift, verstimmt mit Recht alle, die Monate oder Jahre lang ein gefährliches, gehetztes, heroisches Leben geführt haben. Ich denke an die Toten, die Gefolterten, an alle, die heute noch tief in irgendeinem deutschen Kerker langsam dahinsiechen...

Das Werk von Anouilh ist außerordentlich bemerkenswert. Ich habe es mir ein zweites Mal angesehen und war vielleicht noch stärker ergriffen. Unmöglich, es ohne jenes Frösteln anzuhören, das sich einstellt, wenn etwas uns unmittelbar und bis zum Unerträglichen angeht. Wie beim ersten Male habe ich festgestellt, daß die Zuhörerschaft vom ersten bis zum letzten Wort buchstäblich fasziniert war, trotz der gewollten Herbheit dieser Tragödie, die der Autor im modernen Kostüm spielen läßt, obwohl er das ursprüngliche Thema in seinen Grundmotiven beibehält. Freilich nicht ohne eigenwillige Änderungen. Bei ihm gehorcht Antigone nicht wie bei Sophokles einem angeborenen und unbezähmbaren Respekt vor den ewigen Gesetzen, wenn sie ihren Bruder Polyneikes entgegen dem ausdrücklichen Verbot ihres Onkels Kreon, des Königs von Theben, bestattet. Antigone ist vor allem die starrköpfige Revolutionärin, die im Grunde kaum weiß, warum sie nein sagt, an diesem Nein aber mit ihrer ganzen Energie festhält und nicht zögert, dafür zu sterben. Neu und zutiefst erschütternd in Anouilhs Tragödie ist, daß Kreon, als er von Antigones Ungehorsam erfährt, sie dennoch verschont wissen will. Er verabscheut den Gedanken, sie zu töten; Antigone aber erlaubt ihm nicht, Milde walten zu lassen. Sie will ihn von der Notwendigkeit überzeugen, seine Drohung auszuführen und sie in den Tod zu schicken; damit wäre bewiesen, daß er, der Herr, tatsächlich *nicht frei ist*, sondern Gefangener des teuflischen Spiels, das Macht heißt. Damit sind die Rollen vertauscht: der Ankläger bemüht sich, die Angeklagte zu retten, während die Angeklagte erbittert ihre Verurteilung erkämpfen will. Diese Szene ist nicht nur die stärkste, die Anouilh geschrieben hat, sondern auch eine der eindrucksvollsten des zeitgenössischen Theaters überhaupt. Man folgt ihr mit atemloser Spannung, wie bei einem Kampf, in dem der Verlierer schon vorher mit dem

Leben abgeschlossen hat. Kreon führt schließlich ein Argument an, das er für ausschlaggebend hält: Antigone weiß ja nicht, was sich tatsächlich zwischen ihren Brüdern abgespielt hat. Eteokles und Polyneikes, die einander getötet haben, waren nämlich üble Burschen, Spieler und Schürzenjäger, einer nicht mehr wert als der andere. Gewiß, Kreon hat das Leichenbegängnis des Eteokles, des Verteidigers von Theben, prunkvoll feiern und den Leichnam des Polyneikes den Hunden zum Fraß vorwerfen lassen. Aber diese Entscheidung hat nur politische Bedeutung und keine moralische Tragweite. Er konnte sich nicht ‚den Luxus leisten, in beiden Lagern Lumpen zu haben'. Mehr noch, der Kampf hat unter solchen Umständen stattgefunden, und die Leichen waren so verstümmelt, daß man nicht einmal weiß, ob wirklich Polyneikes der Unbestattete ist. So ist die Tat, um derentwillen Antigone sich in einen Todesrausch hineinsteigert, absolut sinnlos, *gegenstandslos* geworden. Zum ersten Male schwankt sie, versagt ihr die Stimme. Sie will gehen und vielleicht endgültig darauf verzichten, ihr Werk zu vollenden. Kreon aber spricht ungeschickterweise von ihrem zukünftigen Glück an der Seite seines Sohnes Hämon, ihres Verlobten, den sie liebt und auf den sie so schweren Herzens verzichtet hatte. Glück! Bei diesem Wort sträubt sie sich. Welches Glück? Was wird das Leben aus diesem Glück machen? Wird es den jungen, strahlenden Hämon nicht in einen runzeligen, liebeleeren und illusionslosen Politiker verwandeln? Antigones Feind ist im Grunde das Leben selbst; was sie Kreon zum Vorwurf macht, ist seine Besonnenheit, die dem Leben dient, sich damit abfindet und es möglichst erträglich zu machen sucht. Somit bedeutet die Freiheit, die Antigone verkörpert, vor allem Ablehnung des Lebens. Und der Autor scheint uns mit Gewalt und gegen alle Vernunft und Wahrscheinlichkeit beweisen zu wollen, daß es zwischen Freiheit und Leben keinen Einklang, keine Ehe gibt – es sei denn, man verstünde unter Leben den unwiderstehlichen Drang, der den Nachtschmetterling zur Flamme treibt, die ihn verbrennt. Aber ist das das Leben? Kann das das Leben sein? Hier zeigt sich das Trügerische und zugleich Beängstigende des Stückes. Mancher glaubte, darin eine indirekte Verherrlichung des Tyrannen zu erblicken, und wenn ich nicht irre, hat Anouilh während der Besatzungszeit in der Pariser Presse Artikel veröffentlicht, die eine so schwere Beschuldigung vielleicht rechtfertigen. Für sich allein genommen, ist das Stück nicht unbedingt so zu verstehen. Ich mache dem Autor vielmehr den Vorwurf, das Problem allzusehr vereinfacht zu haben, so daß es nicht nur für einen Christen, sondern für jeden, der in einer Atmosphäre christlichen Denkens gelebt hat, unannehmbar ist. Es ist gewiß nicht wahr, daß Freiheit nur im Verweigern besteht, eine solche Vorstellung wäre ein Zerrbild. Sich fügen ist eine freie Handlung. Und es ist nun einmal so, daß wir in einer Welt leben müssen, in die wir uns zu fügen haben und wo dieses Sich-Fügen selbst zu einem Prinzip des Wachsens und der Bereicherung wird. Es genügt aber nicht zu sagen, die Welt eines Anouilh oder

Sartre sei eine Welt ohne Trost. Fest steht, daß es ihnen irgendwie in dieser Welt gefällt, was bei den großen Pessimisten der Vergangenheit nie der Fall war. Sie verlangen nach dieser Welt, in der unsinnigen Hoffnung, ihren Freiheitsdrang besser bekunden zu können. Dabei übersehen sie, daß eine Freiheit, die nicht von Säften, die aus göttlicher Wahrheit emporsteigen, gespeist wird, dazu verdammt ist, zu zerstören und sich nur in Wollust und Tod zu entfalten."

(Entnommen aus: *Gabriel Marcel*, Die Stunde des Theaters, München o. J.; aus dem Französischen von Susanne Kaiser und Lore Kornell.[1])

b. Neuinszenierung, Paris, Théâtre de l'Atelier, Oktober 1944

„Neulich habe ich mir Anouilhs *Antigone*, die das Atelier-Theater für eine beschränkte Zahl von Aufführungen wieder in seinen Spielplan aufgenommen hat, nochmals angesehen. Ich hatte mir eingebildet, jedermann oder fast jedermann kenne dieses berühmte Stück bereits: ich habe mich getäuscht. Das Haus war Sonntag nachmittag ausverkauft und der Erfolg ebenso durchschlagend wie bei der Uraufführung. Das Stück hält zweifellos stand.

Ob man es mag oder nicht – jedenfalls ist nicht zu bestreiten, daß es zu den stärksten und bedeutsamsten Dramen unserer Zeit gehört. Ich möchte *Antigone* ein Stück nennen, das den Charakter eines Zeugnisses hat, und auf diesen Aspekt möchte ich heute näher eingehen. Es legt Zeugnis ab von einer völlig verkommenen Welt, und wenn seine Ausstrahlung stellenweise kaum erträglich ist, so kommt es daher, daß der Autor sich selbst nicht klar darüber zu sein scheint, was diese Welt eingebüßt hat. Gewiß, im Prinzip brauchen wir uns nicht zu fragen, was ein Dramatiker denkt oder nicht denkt. Hier aber liegt der Fall anders, denn Jean Anouilh hat sich eine seiner Figuren zum Sprachrohr auserwählt. Durch ihren Mund kündigt er uns nicht nur an, was geschehen wird, sondern fühlt sich auch bemüßigt, die Tragödie zu definieren. Nebenbei gesagt, ist dies zweifelsohne eine der Stellen des Stückes, deren man schnell müde werden wird; eine solche Parabase ist für den Zuschauer von heute nur schwer erträglich. *Antigone* lebt sozusagen unter dem Druck verachtungsvollster Anschauungen über das Leben und die Kunst zu regieren. Die Frage ist allerdings, ob unter dieser Perspektive die Tragödie sich nicht selbst aufhebt. Deutlicher ausgedrückt: Tragik scheint mir nur dort bestehen zu können, wo gewissen Werten eine absolute Bedeutung zuerkannt wird. Hier aber sehen wir, wie vor unseren Augen eine Art totaler Abwertung stattfindet. Antigones Entscheidung für den Tod entbehrt tatsächlich jeden positiven Inhaltes. Sie ist lediglich eine Weigerung: Weigerung zu paktieren, Weigerung zu leben –, da

[1] Als Quelle dieses Artikels wird angegeben: „Temps Présent, 20. Oktober 1944". – Das ist unwahrscheinlich, denn die Uraufführung war am 4. 2. 44. Vermutlich liegt eine Verwechslung mit dem folgenden Artikel vor, der eine „Neuinszenierung" rezensiert und als Quelle „Nouvelles Littéraires, 7. Februar 1944" angibt. (W. S.)

Leben letzten Endes immer Verrat bedeutet. Man wird sagen, diese Weigerung sei wenigstens edel. Aber es ist nicht zu übersehen, daß dies nur ein letzter schwacher Abglanz von dem ist, was in vergangenen Zeiten Edelmut und Ehre hieß. Damals entsprangen solche Regungen dem Bekenntnis zu etwas Heiligem, von dem wir hier nur ein verzweifeltes Nachwehen spüren, das zum Untergang in Gleichgültigkeit und Geringschätzung verurteilt ist.

Befremdlich und erschreckend finde ich es indessen, daß dieser Nihilismus die Zuschauer weder zu entrüsten noch zu wundern scheint; ich will nicht behaupten, daß sie ihm beistimmen, aber sie nehmen ihn hin. Soll man sie deswegen tadeln? Gewiß nicht. Ich glaube, man muß sehr viel tiefer gehen. Aus diesem Stück spricht, wahrscheinlich, ohne daß es der Autor gewollt hat, die Verurteilung einer Welt, die so viele Menschen in einen Zustand unterschiedsloser Bejahung zwingt. Was indessen bedenklich stimmt, ist, daß diese Verurteilung, wo sie überhaupt zum Ausdruck kommt, kaum mehr als ein Lippenbekenntnis ist, und es ist zu befürchten, daß sich eine wachsende Zahl junger Menschen – die nicht von positivem Glauben erfüllt sind – an diese Welt gewöhnt, in dem man nicht atmen kann. Und was heißt Gewöhnung hier anderes als Übergang vom theoretischen zum praktischen Nihilismus, der im Grunde sehr viel bedrohlicher ist, und sei es nur, weil er kein Leiden mehr kennt. Denn schließlich heißt leiden immer noch Widerstand leisten. Der praktische Nihilismus in einer entgötterten Welt besteht darin, daß sich der Mensch wie ein Wesen verhält, dem nichts mehr heilig ist, kein Gefühl und kein Versprechen, und das sich zynisch irgendwie *durchschlängelt*. Dieser angewandte Nihilismus kann freilich auch noch eine andere, eine masochistische Seite haben. Ihr begegnen wir bei all den unseligen Kreaturen, die blinder Gehorsam, die Wiederholung von Parolen, der Rausch der Phrasen und vor allem die Verfemung in eine unbegreifliche Begeisterung versetzen. Ja, das stellt zweifellos die unterste Stufe geistiger Erniedrigung dar.

Mag Anouilhs Stück auch noch so viele Vorzüge haben, in gewissem Sinne liefert es einen positiven Beitrag zu diesem Nihilismus. Denn schließlich ist Antigones Weigerung nichts, womit man auf die Dauer leben kann. Man kann dann nur sich in angeblicher Verweigerung fügen, oder in angeblichem Sichfügen sich weigern; beide Wege führen zu Zynismus und zu kompromittierenden Haltungen.

Zweifellos werde ich den Einwand zu hören bekommen, ein Dramatiker brauche sich um die moralischen Auswirkungen seines Werkes nicht zu kümmern. Prinzipiell ist das richtig. Es gibt aber eine Frage des Niveaus, die mir außerordentlich wichtig scheint. Auf dem höchsten Niveau, dort, wo das Heilige noch Geltung hat, ist ein solches Abgleiten undenkbar. Gewiß verlange ich von Jean Anouilh nicht ein heuchlerisches Bekenntnis zu etwas, das ihm widerstrebt. Die Pflicht zur Aufrichtigkeit besteht immer. Aber in dieser gefährdeten

Welt muß ein verantwortungsbewußter Kritiker darauf hinweisen, daß es eine Rangordnung gibt und daß die Welt eines Werkes wie *Mittagswende* unvergleichbar erhabener ist als die von *Antigone* und den *Schmutzigen Händen*. Das ist eine tiefe Wahrheit. Mag man versucht sein, sie im Namen eines mir unverständlichen Historizismus zu verkennen, und gerade darum muß sie um jeden Preis bejaht werden.

Mlle. Elisabeth Hardy, die die Rolle der Antigone übernommen hat, besitzt zweifellos nicht die triebhafte Wildheit von Mlle. Monelle Valentin, wohl aber Adel und einen angeborenen Sinn für das Tragische. M. Jean Servais war in der Rolle des Kreon sehr glaubwürdig, ohne M. Jean Davy ganz vergessen zu lassen."

(Entnommen aus: Gabriel Marcel, Die Stunde des Theaters, S. 129–131.[2])

2. Inszenierungen der „Antigone" auf deutschen Bühnen (1946–1966)

Nach dem Kriege findet sich Anouilhs „Antigone" auf den Spielplänen der meisten deutschen Bühnen. Über den Stil der Aufführungen erfahren wir etwas sehr Interessantes in einem Bericht, den Trut Maren Jaquemar über einen Besuch bei Anouilh im Herbst 1946 in der „Zeit" (4. 11. 46) gibt. Trut Maren Jaquemar berichtet, sie habe Bilder der Kieler Antigone-Inszenierung und der Baden-Badener Inszenierung von A. M. Rabenalt bei sich gehabt, als sie Anouilh im „Atelier Théâtre des Quatre Saisons" aufgesucht habe. Anouilh, seine Frau Monelle Valentin und Regisseur Barsacq hätten sich sehr interessiert zu sehen, wie man das Werk in Deutschland aufgefaßt und inszeniert habe. Über den Vergleich der Bilder aus Deutschland mit der Pariser Inszenierung schreibt T. M. Jaquemar:

„Schon im Bühnenbild und in den Kostümen zeigt sich da, wie grundverschieden doch die Auffassungen über ein und dasselbe Stück sein können. Während bei den beiden deutschen Inszenierungen ein auch in Deutschland schon längst überwundener Stahlmöbelstil einen Anklang zum Surrealismus darstellen sollte (bei dem Kieler Bühnenbild besonders geschickt durch die visionären Säulen aus weißen, straffgespannten Tauen hervorgehoben, bei der Baden-Badener Aufführung durch kühne Einbeziehung der Filmprojektion in das Bühnenbild), erkennt man im Bühnenbild Barsacqs wohl die Verwirklichung des echten Surrealismus. Das Stück spielt hier in einem ‚luftleeren Raum' – und Anouilh hebt dieses besonders hervor. Ein schwarz ausgehängter Rundhorizont, deutlich gemacht durch zwei weiße Stufen, auf deren Halbkreis sich die Personen setzen, und in der Mitte zwei hölzerne Küchenschemel für Antigone und Kreon. Sonst nichts. Nur Beleuchtungseffekte und die Wirkung der Kostüme: schlichte, moderne Abendkleider und schwarze Fräcke. Nichts also lenkt den Zuschauer vom rechten Hören des Wortes ab, und in der Tat ist die Sprache Anouilhs wohl auch so packend, daß es keiner landläufigen Dekoration bedarf, um durch Technik eine Steigerung zu erzielen. Nur die Leistung der Schauspieler kann also den Erfolg des Abends sichern: so will es Anouilh."

---

[2] Als Quelle wird dort angegeben: „Nouvelles Littéraires, 7. Februar 1944". Das kann kaum stimmen; vielleicht liegt eine Verwechslung mit der Rezension der Uraufführung vor, die als Quelle „Temps Présent, 20. Oktober 1944" angibt. (W. S.)

a. Erich Kästner („Neue Zeitung") über die deutsche Erstaufführung am 30. 3. 1946 in Darmstadt

„. . . Das vernichtete Darmstadt war das Ziel der Reise, deren Zweck darin bestehen sollte, festzustellen, wie lebendig eine tote Stadt sein kann. Das Landestheater veranstaltete im Saal der ehemaligen Orangerie zwei ‚Uraufführungstage'. Am ersten Tag sah man die ‚Antigone' des jungen Franzosen Jean Anouilh, am zweiten ein Schauspiel des Amerikaners Thornton Wilder, das ‚Wir sind noch einmal davongekommen' heißt; . . .

Darmstadt und die Darmstädter galten in Theaterdingen stets für besonders aufgeschlossen. Und da Wilhelm Henrich, der in den zwanziger Jahren des Jahrhunderts, zu Gustav Hartungs und Carl Eberts Wirkzeiten, als Kulturreferent der Stadt amtierte, heute Intendant ist, muß man sich über den Tatendrang des neuen Ensembles nicht zu sehr wundern. Man braucht es um so weniger zu tun, als der Intendant die Schauspieler dem Regisseur Karl Heinz Stroux anvertraut hat. Stroux hat, trotz der beiden verdächtig an das nahe ‚Alt-Heidelberg' erinnernden Vornamen, beileibe nichts Prinzliches, Sentimentales oder sonst Altmodisches an sich. Er gehört zu den Regisseuren, deren Vehemenz und Intensität junge Schauspieler zu wilder Spielbegeisterung und bis zu Nervenzusammenbrüchen hinreißen kann. Man würde sich nicht wundern, wenn dieser besessene Spielleiter eines Tages die gesamte Bevölkerung der kleinen Stadt als Statisterie und Chor auf die Bühne holte. Abhalten könnte ihn höchstens der Umstand, daß er dann ja keine Zuschauer mehr hätte . . .

Die zwei Theaterabende waren für die Darmstädter und für die auswärtigen Besucher unzweifelhaft bedeutsame Erlebnisse. Aus den nahegelegenen Kulturzentren, aber auch aus Kassel, Köln, München und Berlin waren Fachleute zu Gast. Man saß nach den Vorstellungen beieinander und diskutierte, daß die Köpfe wie Fabrikschlote rauchten. Man analysierte das Wesen moderner Tragödien, wie es, in der ‚Antigone' Anouilhs, die Figur des Sprechers bereits geistvoll und mit gallischer Ironie unternommen hatte. ‚Das Uhrwerk ist aufgezogen', hatte er gesagt, ‚ein Stups, und dann rollt es ab . . . Das ist das Praktische an der Tragödie!' Man erörterte die 1942 aktuell gewesene Bedeutung des Stückes: Mit König Kreon war der ‚aufgeklärte' Diktator Laval, mit Antigone war die junge Widerstandsbewegung gemeint gewesen, die fast trotzig wie ein Kind auf dem Rechte, früh zu sterben, bestanden hatte. ‚Ich will alles, sofort und vollkommen, oder ich will nichts! Ihr seid widerlich mit eurem Glück!' Als Antigone auf den Richtplatz geführt worden war, hatte Kreon gesagt: ‚Ihr war die Hauptsache, sterben zu dürfen. Hätte ich sie zum Leben verurteilen sollen?' Die Bühne war wieder, nach zwölf Jahren, zum ‚theatrum mundi' geworden, und entsprechend wogten die Gespräche. . . .

Die beiden Stücke, die man sah, das geistreiche, dem Sophokles in Ironie und Trauer nachgeformte aus Frankreich, und das andere, das turbulente, Sinne und Verstand fast verwirrende amerikanische Schauspiel, das im Grunde aus europäischer Phantasie und Philosophie genährt wird, bewegten unsere Gemüter und Gedanken, wie seit langem nichts. Beiden Stücken wohnt eine tiefe Kulturmelancholie inne. ..." (Aus „Neue Zeitung" vom 5.4.1946).

b. Werner Fiedler („Neue Zeit") über die Inszenierung von Bruno Hübner in der „Komödie", Berlin, Juli 1946

„Seine Dichtung läßt viele Deutungen zu. Da gibt's nicht schwarze Schurken und blütenweiße Engel, da werden keine Urteile gefällt; es werden Seelenprotokolle aufgenommen, nach denen das Publikum selbst urteilen und handeln kann. Über Entscheidendes wird geschwiegen. – ...

Die Schauspieler handeln kaum, sie verhandeln. Unentwegt beschwört Kreon die kleine Antigone, sie solle von ihrem wütenden Vorhaben ablassen, den Körper des Bruders zu bestatten. Es gehört eine ungewöhnliche geistige Überlegenheit dazu, den harten Zwang der Staatsräson wirklich zu einer mitreißenden Tragödie des Bewußtseins zu steigern. Günther Hadanks geistig gespanntem Spiel gelingt das bei voller Selbstbeherrschung. Er ist ein Gentleman-Diktator, der das Zepter der Macht lieber als Zeigestock benutzen möchte, um damit Staatsnotwendigkeiten zu demonstrieren. Und wenn er der Nichte die Schönheit des Lebens preist, wird dieser Kreon fast zum Ana-kreon. ..." (Aus: „Neue Zeit" vom 27. 7. 1946).

c. Alfred Dahlmann („Süddeutsche Zeitung") über Arnulf Schröders Inszenierung im „Staatsschauspiel" München, Juli 1946

„Anouilh entlieh aus der Antike nur den Stoff. Diesen freilich mit aller Genauigkeit. Aber er geht ihn an mit völlig heutigen Mitteln. Analytische Psychotechnik. Kalte, realistische Prosa. Nichts mehr von der düsteren Gesetzmäßigkeit im Ablauf des Labdakidenschicksals. Die Ödipustochter im Pulli, Kreon im Gehrock. Anouilh holt das Erhabene herab in unseren Alltag...

Diese Antigone scheint ein verbohrtes junges Mädchen von heute, das mit im Grunde unjugendlichem Intellekt den Gegner ins Unrecht setzen will, indem sie ihn zwingt, Böses zu tun. Sollte man sie nicht mit einer Tracht Prügel von ihrer Jugendhysterie befreien? ‚Ich möchte alles, sofort und vollkommen, oder ich will nichts.' Das Leid um Polyneikes ist ihrer jugendlich hysterischen Lüsternheit, sterben zu dürfen, nur ein Vorwand. Das ist eine Möglichkeit der Sicht. Die andere ist der seit Jahrtausenden im Grunde immer gleiche leidenschaftliche Kampf zwischen den Menschen, die ihrem ethischen Gesetz folgen, und jenen mit dem Willen zur Macht, ist die Aufbäumung des Gefühls gegen die Gewalt. Aus dieser Sicht ist Antigone eine positive Figur, von der jugendlich elementaren Kraft, wie sie der französischen résistance, die sie verkörpert, ansteht (denn dieses Stück stellte 1942 in Paris mit den getarnten Mitteln der

Sklavensprache, die man hüben wie drüben verstand, ein aufrührerisches Werk dar).

. . .

„Das sophokleische Vorbild wird in dieser Rolle [gemeint ist Antigone] auf das gründlichste zerschlagen, während es in der des Kreon vertieft, vermenschlicht wird. Diesen Kreon spielte Otto Wernicke, Exponent des Machtapparates, aber nicht nur am Schalthebel tödlicher Entschlüsse sitzend, sondern bemüht, dem verirrten Mädchen Antigone noch eine Chance zu bieten. Dieses tief in einem Panzer von Macht spürbare Herz der Figur fand in Wernickes nun ganz ausgereifter Kunst eine starke Resonanz, daß Kreons Einsamkeit am Schluß wahrhaft tragisch wirkt.“ (Aus: „Süddeutsche Zeitung“ vom 2. 7. 1946).

d. Die „Hamburger Allgemeine Zeitung“ (gez. wmh) über die Aufführung im Hamburger Thalia-Theater, Januar 1947

„Man hat bereits von einer ‚Anouilhierung‘ des deutschen Theaters gesprochen. Nicht witzlos übrigens, da dieser Franzose zusammen mit Giraudoux und den modernen Amerikanern zweifellos eine neue, gleichsam magische Epoche des Theaters heraufgeführt hat, mit der wir Deutschen uns gegenwärtig sehr stark beschäftigen, während man draußen vielleicht schon dabei ist, den Schritt in irgendeine andere Richtung zu lenken. Nun, wir müssen viel nachholen, und ich glaube, wir sollten uns sowohl das Vergnügen, wie auch die schöpferische Pause gönnen und das eigene Wort für später vorbehalten.

Lauschen wir also auf Anouilh. Modernisiert er mit seiner Antigone die antike Schicksalstragödie? Ist es das, was er meint, wenn er Antigone ein mageres junges Mädchen sein läßt, das nicht mehr der Antike, sondern unserer Zeit anzugehören scheint und mit den Worten unserer Sprache Gedanken ausspricht, welche die unseren sein könnten und daher so nahe zu uns dringen? Nun, es scheint, daß es dem Dichter viel weniger auf die Modernisierung der Antike als auf die Modernisierung des Publikums ankommt, nämlich darauf, das Publikum gleichsam zum ersten Male vor die Essenz eines zeitlosen tragischen Stoffes zu stellen, der seine primäre Transparenz an die seither verflossenen Jahrtausende verloren hat. Wo das Pathos der Antike nicht mehr hinreicht, setzt die Durchleuchtung Anouilhs ein, der das Problem seiner zeitlichen Verhaftung entkleidet und damit den Beschauer zwingt, das tragische Thema mit neuen Ohren zu hören. Durch die neue Art der bis ins Epische reichenden formalen Aufbereitung und Entfaltung der Tragödie (der bereits berühmt gewordene Sprecher nimmt hier die entscheidenden Funktionen wahr) und der sprachlichen Aktualisierung hat der Dichter jedenfalls eine ungemein starke Vergegenwärtigung und also auch Verlebendigung des Stoffes herbeigezaubert und sein neues Publikum ganz dicht zu seinen Gestalten und auch zu sich selbst herangezogen. Man sieht insbesondere Antigone sehr nahe, dieses heftige, von seinem Gefühl überwältigte junge Mädchen, das keine Angst vor dem Sterben hat, aber ein tiefes Grauen vor der Unnatur der herrschenden Gewalt und das tief von der Heillosigkeit dieser Welt überzeugt ist. Antigones große Auseinandersetzung mit Kreon büßt aus dieser Perspektive völlig den Charakter eines politischen Gesprächs ein und wird zum existentiellen Gespräch, in dem das Gefühl sich stark aber vergeblich gegen die Vernunft auflehnt, der Wille zum sittlich Unbedingten jedoch über alles Bedingte triumphiert. ..." (Aus: „Hamburger Allgemeine Zeitung" vom 31. 1. 1947).

e. Ulrich Seelmann-Eggebrecht („Der Mittag") über die Inszenierung des Frankfurter Theaters am Roßmarkt, Januar 1951

„... Denn Hans Krüger, ..., hat die wohl stilechteste ‚Antigone'-Aufführung des Südwestens hingestellt. Sie hatte nicht die ekstatischen Übersteigerungen, in die Stroux in Darmstadt verfiel, sie hatte auch nicht die akademische Strenge, auf die es Henrichs in Stuttgart angelegt hatte, sondern wie er selbst den ‚Sprecher' spielte, ganz beiläufig, ohne jede Pose, doch mit echtem Theatersinn und zugleich mit geistigem Hintergrund, war wirklich dem Wesen des Werkes gemäß. Er hat offensichtlich die Pariser Uraufführung unter Barsacq am Théâtre de l'Atelier gesehen, die er hier bis in Einzelheiten zu transplantieren bemüht war. Wie er diese Barsacq'sche Auffassung auch noch auf den Kreon von Hans Madin und den Hämon von Folkrad Dietl übertrug, war – im Rahmen ihrer schauspielerischen Mittel – wieder einmal gutes französisches Boulevardtheater." (Aus: „Der Mittag" vom 6. 1. 1951).

f. Albert Schulze-Vellinghausen („Frankfurter Allgemeine Zeitung") über die Bochumer Inszenierung, 1955

„... In der neuen Filiale der ‚Kammerspiele' hatte einige Tage zuvor Anouilhs ‚Antigone' ihre Beständigkeit kraftvoll bewiesen. Es zeigte sich, daß die großartige Haltung dieses Werkes nicht nur an die Resistance von 1944 ‚engagiert' ist. Gegen den Druck der Okkupation und – mehr noch – des Pétain-Regimes zielend, hat Anouilh so genau und mit so überlegter Entschiedenheit gehämmert, daß ein Appell von zeitenthobener Gültigkeit entstand. Er ist gegenüber jedem, der zur Gewalt ja sagt und deshalb (entgegen innerer Einsicht) einen dubiosen Posten übernimmt, immer noch anzuwenden. ..." (Aus: „Frankfurter Allgemeine Zeitung" vom 29. 9. 1955).

g. „Die Welt" über Ida Ehres Inszenierung in den Hamburger Kammerspielen, 1955

„Anouilhs ‚Antigone', die in Hamburg nach dem Kriege schon gespielt wurde, ist ein sehr merkwürdiges Gebilde; es reduziert den Mythos auf eine reine Abstraktion und ist doch bühnenwirksam. Äußerlich scheint die ganze antike Handlung des Sophokles fast Szene für Szene erhalten. Doch Anouilh schabt alles lebende Fleisch ab, bis nur noch das ideologische Skelett bleibt. Hier aber ist das Paradoxon: es ist trotzdem ein gutes Theaterstück. Es ist – es ist eben Anouilh.

Als man Antigone in dem Drama von Sophokles fragt: ‚Warum hast du gegen den Befehl des Königs deinen Bruder bestattet?‘, sagt sie einfach: ‚Weil das Gebot der Götter höher steht als das des Königs.‘ Das nennen wir eine klare Antwort. Als hier bei Anouilh Antigone gefragt wird: ‚Wer hat dir befohlen, das zu tun?‘, da antwortet sie: ‚Niemand. Ich selbst.‘ Etwas vage, nicht wahr?

Anouilh hat nicht gewagt, vor einem Pariser Publikum von 1942 oder 1947 die Götter oder Gott anzuführen. Auch Kreon ist eine gebrochene Figur: kein schwarzer Tyrann wie bei Sophokles, sondern ein Dilettant, ein Bibliophile, ein Kunstsammler, ein Dialektiker, der nur sehr ungern (aber doch) mordet, wenn die Staatsräson es befiehlt. Alles riecht ein wenig nach Epigonentum, nach André Gide, vor allem nach Giraudoux, nach spitzem Pariser Essayismus oder Feuilletonismus, nach ‚Literatur‘. Was zum Schluß in unseren Händen bleibt, ist ein theoretisches Absolutum: Anouilhs Antigone will absolut sie selbst sein, will absolut sterben, sie weiß schließlich nicht mehr, warum – vielleicht nur, weil ihr Vorbild, Sophokles' Antigone, eben sterben muß. Es ist eine Tragödie von manchmal leidenschaftlichem, oft leerem Pathos, meist aber nur von kühlgeometrischer, kühl-bewundernswerter klassischer Dialektik und sehr oft von einer geheimen Gartenlauben-Sentimentalität, die sich nur schwer durch das Ticken des überaus feinen dialektischen Uhrwerks, das immerfort tadellos weiterläuft, überdecken läßt. Es ist ein zwiespältiges Werk, zusammengehalten und auf einem einheitlichen Niveau gehalten durch die erfahrene Regie der Ida Ehre. ...“ (Aus: „Die Welt“ vom 3. 4. 1959).

h. Das „Hamburger Abendblatt“ über dieselbe Inszenierung

„... Rang und Bedeutung der Anouilh-Fassung des Antigone-Stoffes, des Stückes, das nach Kriegsende seinem Autor weltweiteste Resonanz brachte, wird nach dem Dutzend Jahren, die seit der ersten Begegnung mit ihm vergangen sind, doppelt offenbar. Die große Auseinandersetzung zwischen Kreon, dem ‚Vernünftigen‘, zur Verständigung bereiten Verstehenden, und seiner Nichte, der verneinenden, revoltierenden, kompromißlosen Antigone, stempelt das Werk heute stärker zur *Tragödie der Zeit* als damals, da aus seiner Entstehung besondere Zeitbezüge gegeben schienen.

Es wird ein *erregendes Wiedersehen* mit einer uns hart anpackenden Dichtung in imponierender Theaterform ...“ (Aus: „Hamburger Abendblatt“ vom 3. 4. 1959).

i. Das „Hamburger Echo" über dieselbe Inszenierung

„In einer starken Aufführung, die an die besten Leistungen nach 1945 erinnert, ging gestern Abend in den Hamburger Kammerspielen Anouilhs ‚Antigone' über die Bühne. Gestehen wir's nur, wir hatten ein wenig Angst, dem Stück, das uns 1947 (im Thalia-Theater mit Gisela Mattishent und Heinz Klevenow in den Hauptrollen) so bewegte, wieder zu begegnen. Aber es wurde ein Abend, der einem (sic!) keinen Augenblick aus dem Griff ließ. Ein Verdienst der Regie, der Schauspieler, des Autors, des Autors vor allem. Eine geglückte Reprise.

Wie rührt uns diese Tragödie der Antigone, die Tragödie der Jugend, die lieber ihr Leben fortwirft als einen faulen Kompromiß schließt, in unserer lauen Zeit ans Herz. Es war der damalige Kampf der französischen Widerstandsbewegung, dem Anouilh direkt unter den Augen der deutschen Besatzungsmacht 1944 mit diesem Stück nach der antiken Fabel der Ödipustragödie im modernen Gewand unserer Zeit ein Denkmal setzte. Ein Denkmal setzte mit der Geschichte von der kleinen Antigone, der Neinsagerin, die dem Gebot ihres Onkels, des neuen Königs von Theben, zuwiderhandelt und den Leichnam ihres Rebellenbruders zu bestatten versucht.

Antigone als Widerstandskämpferin.

Das Stück ist frisch geblieben über den aktuellen Anlaß hinaus. Aber man wird es nur spielen können, wenn man eine hundertprozentige Antigone hat. Hertha Martin ist aller Skepsis zum Trotze eine solche Antigone. ...

Da ist der Kreon Raimund Buchners; zunächst ein wenig hölzern, gibt er schließlich doch einen Kreon, dessen tragischem realpolitischem Handeln jenseits jugendlichen Überschwanges man nicht die Sympathie versagen kann. Eine Rollengestaltung, die deutlich macht, daß es sich bei diesem Stück trotz aller Zeitnähe nicht um einen glatten Abklatsch der damaligen französischen Wirklichkeit handelt: Anouilhs Kreon ist nicht als ein Pétain konzipiert. Die Spannung Kreon-Antigone greift weit über den Anlaß, die Wirklichkeit eines Frankreichs von 1944 hinaus und zeigt den ewigen Gegensatz von Idee und Realität. Zeitlose ‚Antigone'. ..." (Aus: „Hamburger Echo" vom 3. 4. 1959).

k. Heinrich Heym („Frankfurter Allgemeine Zeitung") über eine „Schaubühnen"-Tournee-Inszenierung, Frankfurt am Main, Oktober 1965 (Überschrift: „Eine scharf belichtete Szene")

„Für manche war Jean Anouilh immer ein Ärgernis. Er griff ihnen thematisch zu hoch und siedelte die Szene zu tief an, würzte das Tragische mit dem Komödienton und das Dramatische mit dem Boulevardeffekt. Sie nahmen ihm übel, daß er brillierte und kandierte Früchte bot, wo ein deutscher Dramatiker Sauerkirschen zu servieren hat. Frankfurts Schauspieldirektor Heinrich Koch wusch jetzt in einer ‚Schaubühnen'-Tournee-Inszenierung solche Kandierung ab und gab dem Frankfurter Theaterpublikum in einer spätabendlichen Gastvorstellung die Sauerkirsche zu schmecken. Sie hieß ‚Antigone'.

Die Anouilhsche Ummünzung der griechischen Tragödie, 1943 mitten im besetzten Paris uraufgeführt und von den Franzosen durchaus als Resistance-Stück verstanden, ist bisher oft realisiert worden. Zumeist wurde es wohl, inspiriert durch die vom Autor geforderten modernen Kostüme (Antigone im schwarzen Pullover, Kreon im Maßanzug, Soldaten und Wächter in der Landseruniform, Ismene im Cocktailkleid), ironisch distanziert angelegt; gewissermaßen aus der Vogelperspektive, schillernd durch Berechnungen und Reflexionen.

Koch scheint das Stück noch einmal befragt zu haben. Es gab ihm eine andere Antwort als früheren Regisseuren, und so spielt er schon mit dem ersten Auftritt ein anderes Werk an. In einem Raum aus drei weißen Wänden mit drei großen braunen Türen rollt das Spiel ab. Die Bühne des Frankfurter Schauspielhauses erweist sich einerseits als ideal für ein solches Bild, nimmt aber gleichzeitig für die letzten Reihen einer auf kleine Bühnenräume eingestimmten Inszenierung Glanz und Kraft.

Jedoch, vorn, wo die Kraft, die Ausstrahlung noch hinreicht, wird's ein überraschender Abend. Das erste Bild macht es bereits deutlich: Die Figuren des Spiels, vom Sprecher vorgestellt, sind nach erlesenen choreographischen Prinzipien verteilt. Da ist nicht ein salopper Ton, keine Nachlässigkeit, das Bild stimmt ernst, verlangt Größe. Der Sprecher, der hier, nach Anouilhs Wunsch, vorstellt und bereits die Geschichte, die Handlung, kommentierend vorwegnimmt, zielt mit dem Text auf eine Ebene, in der das Wort fast feierlich daherkommt, ganz ruhig, fest, moduliert; ein Text, sorgfältig gebracht, wie an einem Rezitationsabend.

Da ist das Kommende klar: Hier wird ein Untergang zelebriert, hier findet eine Totenmesse statt, Antigone wird zur Priesterin des ‚Neins'. Sie wird an diesem Abend mit den Kerzen in ihrer Hand für Sekunden den Konformismus unserer heutigen Welt verbrennen, weil sie den Kompromiß nicht einsehen will, den das Leben aus sich heraus immer neu gebiert. Und sie wird eine Rebellin gegen die Ordnungswelt Kreons sein, weil sie Angst vor dieser Ordnung hat, vor einer Ordnung, die schließlich satt macht und gefügig und träge.

Die Resistance-Antigone des Jahres 1943 in Paris wird bei Koch zur Antigone eines Nonkonformismus von heute. Die etwas schlackrige Twenhose, die sie trägt, deutet es an: Protest der Jugend, nur mit dem Unterschied, daß diese Antigone nicht am Marschallbrunnen herumhockt, döst und schmust, sondern angreift, erbittert, heiß, wild, süchtig nach dem Tod als der größeren Ordnung, der sinnvolleren Ordnung, als jener Kreons und seiner Lebensklugheit.

Heidelinde Weis hat solche angreiferische Elastizität in sich. Sie ist klein, zierlich, schmächtig, blaß. Koch faßt den Widerspruch in dieser Figur und arbeitet ihn heraus. Man sieht, wie die Weis aus sich herausschnellt, wie sie über ihre leibliche Größe hinauswill; eine kleine wilde Katze, die Kreon anspringt, herausfordert; Kreon, den altgewordenen Menschenbaum, der Politik als Tagewerk betrachtet, als eisernes Muß, unpathetisch, nüchtern, der kundtut, daß die Aussetzung der Leiche des Bruders eine politische Dummheit war, und der doch nicht mehr zurückkann.

Leopold Biberti gibt diesen Kreon überredlich, gibt ihn aber nicht als Partner der Antigone. Er verkörpert nur das Prinzip der Ordnung, bringt es jedoch nicht ins Spannungsfeld des Spiels. Das ist ein wenig schade für Kochs Entwurf, der sich damit hin und wieder ins Kühle verliert, zu sehr ins Modell abgleitet. Fast überwächst der Wächter in Peter Kuiper seinen ‚Chef'. Er wird einige Male zum eigentlichen Gegenspieler der Antigone. Der Urtyp des Wachsoldaten wuchtet sich mit Kuiper aus strammen Beinen hoch, schlauer, triebhafter Baumstumpf, einer Welt, die keine Fragen hat und nicht gefragt sein will; der Grund, auf den der Konformismus Wolkenkratzer bauen kann. ...

Koch hat seinen Entwurf nicht ganz erreicht, aber gezeigt, daß man den Widerspruch des Lebens auf die Bühne bringen kann; gegen oder mit Anouilh, steht dabei nicht zur Debatte. Das ‚Nein' in unserer Welt als ‚Ja' zum Absoluten ist lange nicht so deutlich gesagt worden." (Aus: „Frankfurter Allgemeine Zeitung" vom 19. 10. 1965).

l. Joachim Kaiser („Süddeutsche Zeitung") über die Inszenierung Helmut Henrichs im Münchner Residenztheater, Dezember 1966

„Anouilhs Antigone-Stück will geliebt werden. Man kann in den Kritiken etwa von Gabriel Marcel nachlesen, wie ‚die kleine Magere, die schweigend dasitzt', von Anfang an ihr Publikum faszinierte. In Deutschland hat eine ganze Nachkriegsgeneration ihren Ekel gegen die Lebenskompromisse und das Mitmachenmüssen und die Selbstgerechtigkeit des auf Selbsterhaltung bedachten Establishments eben durch diese Antigone ausdrücken lassen. Aber wie es so geht: Antigone alterte. Immer noch ist sie angewiesen auf Liebe und Sympathie, aber die gleichfalls älter gewordenen Liebhaber finden dramatische Runzeln. Zeit dissoziiert. Man bemerkt die Zutaten und Tricks. Scharniere klappern. Man entdeckt die etwas redselige Literatur in diesem Stück, den rhetorischen Kitsch, die allzu groß und hoch tönenden Antagonismen. Gewiß, daran ist immer noch etwas ‚dran', daß sich die Hände schmutzig machen muß, wer einmal ja sagte und dann etwas Vernünftiges aus den Verhältnissen herauszuholen versucht, wie Kreon – oder daran, daß ein entschiedenes ‚Nein' seinen Preis, vielleicht sogar den Kopf kostet. Noch aufregender ist der zugleich pubertär-befangene und doch fabelhaft freie, unbedingte Daseinsekel der Antigone, die den mit allem Leben verbundenen Abnützungsprozeß mehr fürchtet als den Tod. Aber wahrhaft unter die Haut gehen diese Wahrheiten nicht mehr: Bekenntnis hat sich in erbauliche Literatur, Literatur in Literaturgeschichte verwandelt. Es besteht kein zwingender Grund, diese Antigone zu spielen. Außer: Jemand muß, will, kann es. Außer: Die Aufführung vibriert von Engagement und Jugend und Originalität und szenischem, zynischem Witz." (Aus: „Süddeutsche Zeitung" vom 23. 12. 1966).

V. Literaturverzeichnis

I. Ausgaben:

a) französische Ausgaben

Anouilh, Jean: Antigone – pièce en un acte. Paris: La Table Ronde 1946 (französische Originalausgabe)

Anouilh, Jean: Antigone. In: J. Anouilh, Nouvelles pièces noires. Paris: La Table Ronde 1946

Anouilh, Jean: Antigone, présentée par Raymond Laubreaux. In: Les classiques de la civilisation française. Paris: Didier 1964 (kommentierte Schulausgabe)

b) deutsche Ausgaben

Anouilh, Jean: Antigone, übertragen aus dem Französischen von Franz Geiger. München: Verlag Langen-Müller 1965 = Theater-Texte, Bd. 3

Anouilh, Jean: Antigone. In: J. Anouilh, Dramen, Bd. 1. München: Verlag Langen-Müller 1964 (ins Deutsche übersetzt von Jean Salvard; Vorwort: Carl August Weber)

II. Aufsätze:

Jean Anouilhs Aufsätze über verschiedene Themen des Theaters sind gesammelt erschienen in:

Vandromme, Pol: Jean Anouilh. Der Autor und seine Gestalten. München: Verlag Kurt Desch 1966. (Der Band enthält folgende Aufsätze: Die Gegenwart Molières; Heute am 17. Februar starb Molière; Tartuffe; Für Jean Giraudoux; Lieber Vitrac; Brasillach; Brasillach und das Theater; Februar 1945; „Monsieur" Dullin; „Mein lieber Pitoëff"; Hommage für Georges Pitoëff; Hommage für Jean Cocteau; Jean Flory; Suzanne Flon; Brief an ein junges Mädchen, das zum Theater möchte; Über einen neuen Konformismus; Eine unerklärliche Freude; Der Verwaltungsdirektor; Kapitel über die Stühle; Das Mysterium Jeanne d'Arc; Becket oder die Ehre Gottes; Mademoiselle Molière wird aus der Taufe gehoben; Majestäten)

III. Interviews:

Interviews mit *Jean Anouilh* sind erschienen in:

Les Nouvelles littéraires, 27. März 1937;
France Dimanche, 12. Oktober 1950;
Opéra, 14. Februar 1951;
Les Nouvelles Littéraires, 5. Februar 1959 (Jolivet, s. u., gibt an: 1951!)

IV. Sekundärliteratur:

Canaris, Volker: Jean Anouilh. Velber: Verlag E. Friedrich 1968 = Friedrichs Dramatiker des Welttheaters, Bd. 61

Coenen-Mennemeier, Brigitta: Einsamkeit und Revolte. Französische Dramen des 20. Jahrhunderts. Dortmund: Lensing-Verlag 1966

Gänssle-Pfeuffer, Cäcilie: Held oder Heldin in den Dramen von Jean Anouilh. In: Die Neueren Sprachen 1/1961, S. 47–52

Gignoux, Hubert: Jean Anouilh. Paris: Editions du Temps Présent 1946

Hamburger, Käte: Von Sophokles zu Sartre. Griechische Dramenfiguren antik und modern. Stuttgart: Kohlhammer Verlag 1962

Jauß, Hans Robert: Racines „Andromaque" und Anouilhs „Antigone". Klassische und moderne Form der französischen Tragödie. In: Die Neueren Sprachen 9/1960, S. 428 bis 444

Jolivet, Philippe: Le Théâtre de Jean Anouilh. Paris: Editions Brient 1963

Kaiser, Joachim: Vorwort zu: Französisches Theater des XX. Jahrhunderts. München: Verlag Langen-Müller o. J.

Luppé, Robert de: Jean Anouilh. Paris 1959

Marcel, Gabriel: Die Stunde des Theaters. Kritik und Interpretation. München: Verlag Langen-Müller o. J.

Melchinger, Siegfried: Drama zwischen Shaw und Brecht. Bremen: Schünemann Verlag 1957

Mennemeier, Franz Norbert: Das moderne Drama des Auslands. Düsseldorf: Bagel-Verlag 1961

Schadewaldt, Wolfgang: Einleitung zur „Antigone" des Sophokles von Hölderlin in der Vertonung von Carl Orff. In: W. Schadewaldt, Hellas und Hesperien. Zürich: Artemis-Verlag 1960

Seilacher, Hermann: Bühnenwirklichkeit und Lebensauffassung bei Jean Anouilh. In: Die Neueren Sprachen 12/1960, S. 572–579